AUGMENTER VOTRE INFLUENCE SUR LES MÉDIAS SOCIAUX SUR YOUTUBE.

Augmenter votre influence sur les médias sociaux sur YouTube.

Série "Influence des médias sociaux
Par : Aaron Cockman
Version 1.1 ~Novembre 2021
Publié par Sherry Lee sur KDP
Copyright ©2021 par Sherry Lee. Tous droits réservés.

Aucune partie de cette publication ne peut être reproduite, distribuée ou transmise sous quelque forme ou par quelque moyen que ce soit, y compris la photocopie, l'enregistrement ou d'autres méthodes électroniques ou mécaniques ou par tout système de stockage ou de récupération de l'information, sans l'autorisation écrite préalable des éditeurs, sauf dans le cas de très brèves citations incorporées dans des critiques et de certaines autres utilisations non commerciales autorisées par la loi sur le droit d'auteur.

Tous droits réservés, y compris le droit de reproduction totale ou partielle sous quelque forme que ce soit.

Toutes les informations contenues dans ce livre ont été soigneusement recherchées et vérifiées quant à leur exactitude factuelle. Toutefois, l'auteur et l'éditeur ne garantissent pas, de manière expresse ou implicite, que les informations contenues dans ce livre conviennent à chaque individu, situation ou objectif et n'assument aucune responsabilité en cas d'erreurs ou d'omissions.

Le lecteur assume le risque et l'entière responsabilité de toutes ses actions. L'auteur ne sera pas tenu responsable de toute perte ou dommage, qu'il soit consécutif, accidentel, spécial ou autre, pouvant résulter des informations présentées dans ce livre.

Toutes les images sont libres d'utilisation ou achetées sur des sites de photos de stock ou libres de droits pour une utilisation commerciale. Pour ce livre, je me suis appuyé sur mes propres observations ainsi que sur de nombreuses sources différentes, et j'ai fait de mon mieux pour vérifier les faits et accorder le crédit qui leur est dû. Dans le cas où du matériel serait utilisé sans autorisation, veuillez me contacter afin que l'oubli soit corrigé.

Bien que l'éditeur et l'auteur aient fait tout leur possible pour s'assurer que les informations contenues dans ce livre étaient correctes au moment de l'impression et bien que cette publication soit conçue pour fournir des informations précises sur le sujet traité, l'éditeur et l'auteur n'assument aucune responsabilité pour les erreurs, inexactitudes, omissions ou autres incohérences contenues dans ce document et déclinent toute responsabilité envers toute partie pour toute perte, tout dommage ou toute perturbation causés par des erreurs ou des omissions, que ces erreurs ou omissions résultent d'une négligence, d'un accident ou de toute autre cause.

Cette publication est conçue comme une source d'informations précieuses pour le lecteur, mais elle n'est pas destinée à remplacer l'assistance directe d'un expert. Si un tel niveau d'assistance est requis, il convient de faire appel aux services d'un professionnel compétent.

Contenu

Introduction. 8

Chapitre no.1 10

Développez votre chaîne YouTube. 10

Chapitre no2. 19

Contenu pour réussir à développer une chaîne YouTube. 19

- Animaux amusants..21
- Walkthroughs de jeux vidéo. 21
- Guides pratiques et didacticiels. 22
- Commentaires sur les produits. 22
- Vidéos des potins de célébrités. 23
- Vidéos de comédie et de sketchs..........................24
- Courses/Achats. 25
- Vidéos des déballages. 26
- Vidéos éducatives. 27
- Farces et attrapes. 27

Chapitre no.3 29

Comment obtenir des abonnés sur YouTube. 29

1. Créer un contenu cohérent...31
2. Exploitez la bande-annonce de votre chaîne. 32
3. Demandez directement à vos spectateurs de s'abonner.......33
4. L'abonnement doit être aussi simple que possible...............34
5. Créez des vignettes attrayantes...................................34
6. Collaborer avec d'autres créateurs 35

7. Créer des titres consultables. 36

8. Créez des listes de lecture à consommer sans modération...36

9. Engagez-vous auprès de votre public 37

10. Utilisez d'autres comptes de médias sociaux pour faire connaître votre chaîne..38

11. Partagez ce sur quoi vous travaillez ensuite 39

12. Raconter une histoire 39

Les abonnés ajoutent de la valeur à votre chaîne. 40

Chapitre no. 4 42

Les stars de YouTube sont plus influentes..........................42

que les autres célébrités traditionnelles................................42

1. Les stars de YouTube sont plus aptes à développer des relations. 44

2. Les stars de YouTube suscitent plus d'engagement. 45

3. Les personnalités de YouTube créent des tendances et façonnent la culture pop. 45

4. Les stars de YouTube sont des maîtres dans la création de marques. 46

5. Les stars de YouTube sont des pionniers. 47

Pourquoi les stars de YouTube sont plus influentes que les célébrités traditionnelles. 47

Chapitre no.5 51

Plus de vues sur YouTube gratuitement. 51

Obtenez des vues à partir des résultats de recherche organique de YouTube. 52

Augmentez le nombre de visites grâce à votre contenu vidéo..55

- **Contenu qui éduque ou divertit ou les deux.** 55

Générer des vues à partir de la plateforme YouTube.................57

N'oubliez pas d'être patient...65

Chapitre no. 6 66

L'impact de YouTube sur notre société...................................66

L'effet excellent ou néfaste de YouTube: 68

Chapitre no.7 71

Promouvoir votre chaîne YouTube pour augmenter le nombre de vues...71

Augmenter l'efficacité de votre stratégie YouTube. 71

Conseils pour promouvoir votre chaîne YouTube 72

Créez des titres captivants et incontournables. 72

Rendez vos films plus visibles en les optimisant......................73

Déterminez ce que votre public cible désire. 74

Devenez membre de la communauté sur YouTube.................75

Rendez vos vignettes uniques..76

Faites la promotion croisée de vos propres vidéos YouTube. ...77

Les résultats de recherche Google que vous souhaitez cibler...78

Organisez un concours ou un jeu-concours.............................78

- Encouragez les autres à regarder votre émission. 79

- Pour organiser vos vidéos YouTube, créez des listes de lecture. 80

Collaborer avec d'autres artistes et entreprises.......................83

Menez une campagne de marketing sur YouTube, moyennant paiement..83

Partagez régulièrement vos vidéos YouTube sur les médias sociaux. 84

Pourquoi utiliser YouTube? 86

Conclusion: 89

Introduction.

YouTube est une plateforme de médias sociaux sous-exploitée mais très intéressante dont vous avez certainement entendu parler. Étant l'une des plateformes de médias sociaux les plus en vue dans le monde aujourd'hui, YouTube dispose d'une grande quantité de contenu en ligne sur un large éventail de sujets. Elle a dépassé les 4 milliards de vues quotidiennes en 2012. (en comptant 30 secondes pour un visionnage contre 3 secondes pour Facebook). Pour des recherches spécifiques, Google choisit d'afficher les résultats de YouTube dans les résultats de recherche. En ce qui concerne les recherches en ligne, saviez-vous que YouTube est désormais le deuxième site le plus populaire ? Compte tenu de la barrière d'entrée plus importante que doivent franchir les entreprises pour générer du contenu vidéo de qualité, cette plateforme robuste, qui compte un milliard d'utilisateurs, peut être une source d'exposition substantielle pour les entreprises. Les clips vidéo de YouTube ont beaucoup d'influence sur les médias sociaux et constituent un formidable complément à l'ensemble de votre campagne de marketing. Selon l'analyse de Mark Fidelman, YouTube est le média social le plus rentable pour mener des campagnes régulières de marketing d'influence. Certaines des initiatives d'influenceurs de son entreprise, qui ont débuté il y a trois ans, portent encore leurs fruits. En tant que YouTubeur, vous avez peut-être appris que la voie à suivre pour accroître l'interaction avec le public n'est pas toujours simple. Les vues ne sont rien de plus qu'un gadget qui offre une solution rapide.

En outre, l'algorithme de YouTube ne semble pas accorder de considération particulière aux vidéos en ligne ayant un grand nombre de vues, ce qui va à l'encontre de la stratégie médiatique standard. Il prend plutôt en compte le "temps de session" d'un utilisateur (non disponible pour les utilisateurs). En conséquence, vous devez inciter le visiteur à rester plus longtemps sur votre vidéo en ligne et à se connecter avec vous dans les commentaires. Cela ne vous semble-t-il pas beaucoup demander à votre public cible ? Permettez-moi de vous aider à mieux utiliser la plate-forme du site média dans ce livre. Il vous aidera également à renforcer votre plan de marketing des médias sociaux et à augmenter vos taux d'engagement sur YouTube.

Chapitre no.1

Développez votre chaîne YouTube.

Personne ne peut nier l'essor du marketing vidéo en tant que stratégie d'entreprise au cours des dernières années. Si des sites célèbres comme Tik-Tok, Facebook et Instagram, ainsi que votre site web, sont d'excellents emplacements à investir, disposer d'une chaîne YouTube est peut-être le meilleur moyen de commercialiser votre entreprise, car un milliard de personnes regardent des vidéos sur le réseau chaque jour. YouTube, surnommé le "deuxième plus grand moteur de recherche" du monde, peut aider les gens à trouver votre matériel rapidement et à s'y intéresser, à condition de connaître quelques stratégies et de comprendre les bases de la création de vidéos créatives. Grâce à ces dix conseils, vous pourrez augmenter la taille de votre audience sur YouTube.

1. Créez des vidéos basées sur un seul mot clé ou sujet.

La stratégie la plus simple pour attirer du trafic et développer votre audience sur YouTube consiste à axer votre vidéo sur un sujet ou un mot clé spécifique. Les spécialistes du marketing qui ne sont pas familiers avec le référencement peuvent négliger cette phase du processus de classement des vidéos. Pourtant, il est essentiel d'inclure vos vidéos pour atteindre le plus grand nombre de personnes possible. Pour repérer les mots-clés les plus populaires dans votre domaine, utilisez un outil de recherche de mots-clés comme KeywordTool.io, spécialement conçu pour YouTube. Il est essentiel de choisir votre mot-clé avant de créer du contenu vidéo, car cela vous aidera à construire le meilleur matériel possible autour de cette question. La fonction de sous-titrage de YouTube peut être améliorée si vous n'oubliez pas d'inclure votre mot-clé de manière organique dans votre matériel vidéo. Une fois que vous avez choisi un mot-clé, assurez-vous que votre titre et votre description sont optimisés en examinant les vidéos les plus populaires sur ce sujet. Si vous procédez ainsi, vous obtiendrez beaucoup plus de trafic grâce au référencement YouTube.

2. Réutiliser du contenu performant qui existe déjà.

Bien entendu, la création et la diffusion d'excellents contenus constituent une superbe méthode pour développer votre chaîne YouTube. Il n'est pas toujours indispensable de partir de zéro lorsqu'il s'agit de réaliser de telles choses. Pour réaliser de grands films, vous devez disposer d'une abondance d'informations intéressantes, bénéfiques pour votre public et exploitables. Pendant l'épidémie de COVID-19, les utilisateurs ont visionné 4 milliards d'heures de vidéos "comment faire" en une seule année, ce qui représente beaucoup de temps passé sur YouTube. Par conséquent, la création de contenu qui résout les problèmes de votre public est une excellente méthode pour augmenter le trafic. Réalisez un audit de contenu pour identifier les blogs, les guides et les autres éléments performants dont vous disposez déjà et réfléchissez à la manière dont vous pourriez les réorienter vers des vidéos pertinentes et attrayantes. N'oubliez pas que les vidéos YouTube les plus populaires durent généralement entre une et cinq minutes, alors ne vous sentez pas obligé de construire un film ou d'écrire un roman. Soyez bref et précis.

3. Engagez-vous auprès de votre public.

Une plateforme qui nécessite une interaction avec les autres membres. Si vous vous contentez de publier des vidéos et que vous n'encouragez pas la discussion, vous perdez une grande opportunité.

Il contient le temps passé sur la chaîne, le nombre de vues, le nombre de commentaires, et le montant passé à regarder la chaîne. Ainsi, dans la mesure du possible, répondez à chaque commentaire que vous recevez et incitez les utilisateurs à interagir en utilisant des suggestions audio/visuelles. Vous pouvez également vous engager avec d'autres chaînes, qui peuvent être une entreprise comparable à la vôtre ou simplement une chaîne que vous admirez. Ne comptez pas toujours sur le public pour lancer la conversation. L'engagement de votre public peut être aussi simple que de lui poser des questions sur le matériel ou aussi complexe que de lui demander quel type de contenu il aime voir sur votre chaîne ou ce qu'il aimerait voir en plus grand nombre. N'oubliez pas non plus de remercier tous ceux qui ont partagé votre contenu sur YouTube et sur d'autres plateformes. Pour suivre les mesures d'engagement cruciales sur YouTube, envisagez d'utiliser un tableau de bord de distribution et d'engagement du contenu social.

4. **Obtenez une image de marque.**

Même si votre contenu est de premier ordre, l'esthétique de votre chaîne plaît-elle aux spectateurs ? Si vous voulez que les gens s'abonnent à votre chaîne YouTube, vous devez paraître professionnel. En améliorant l'image de marque sociale de votre entreprise, les utilisateurs reconnaîtront plus rapidement votre contenu. Si vous avez un blog ou un site Web, vous avez probablement déjà une apparence qui vous distingue des autres personnes et entreprises. Il est donc tout naturel d'étendre cette identité à votre chaîne YouTube. Voici l'exemple de Nintendo, qui compte 8,12 millions d'abonnés et propose un excellent contenu sur les jeux et les consoles, notamment de brèves vidéos de gameplay et des séquences en coulisses. Outre l'image de marque visuelle, n'oubliez pas d'inclure des URL personnalisées dans l'en-tête de votre chaîne et de créer une biographie attrayante sur vous-même et vos vidéos.

5. D'autres chaînes peuvent vous aider à promouvoir votre vidéo YouTube.

La capacité de promouvoir des informations sur plusieurs plateformes de médias sociaux est l'une des caractéristiques les plus délicates de ces derniers. Faites la promotion de vos vidéos YouTube sur tous vos comptes de médias sociaux pour obtenir plus de followers. Selon le rapport Digital 2021 : Global Overview Report, il existe un chevauchement important des utilisateurs entre les plateformes de médias sociaux. YouTube a le taux d'engagement le plus élevé de tous les principaux canaux, soit plus de 90 %. Il s'agit d'une force puissante en termes de marketing et d'engagement.

6. Chevauchement des utilisateurs de médias sociaux.

Alors, quels canaux regardez-vous ? Facebook, LinkedIn, Instagram et TikTok, pour n'en citer que quelques-uns ? Il y en a beaucoup à choisir, ainsi que de nombreuses idées uniques de vidéos sur les médias sociaux. Si vous souhaitez diffuser des vidéos directement sur un canal, un aperçu de la vidéo complète sur YouTube peut être une bonne solution (comme Facebook). N'oubliez pas de publier vos vidéos sur votre blog ! Il est également possible d'utiliser votre chaîne YouTube en conjonction avec votre podcast.

7. Soyez présent et démarquez-vous.

Il peut être incroyablement avantageux de personnaliser votre chaîne YouTube en participant à des vidéos, que vous la gériez seul ou dans le cadre d'une petite entreprise. Le fait de donner un visage à une marque permet aux consommateurs de s'identifier plus facilement à vous en tant qu'individu. C'est une bonne nouvelle pour les vlogueurs, les coachs de fitness, de vie et d'entreprise, et les solopreneurs. Votre visage ne doit pas nécessairement apparaître dans chaque vidéo que vous réalisez, mais il doit apparaître suffisamment fréquemment pour attirer votre public. Si vous êtes ce type de YouTubeur, vous devriez également utiliser une photo de vous sur votre chaîne (et non votre logo).

8. Affichez de superbes vignettes et exploitez les cartes YouTube.

Malgré leur petite taille, les vignettes peuvent avoir un impact considérable. YouTube utilise des vignettes dans sa barre latérale pour promouvoir d'autres vidéos ; par conséquent, vous souhaitez que la vôtre soit distinctive. Les recherches sur YouTube ne sont pas différentes. Les vidéos dont le titre est captivant et la vignette attrayante ont tendance à être mieux classées, même si le contenu n'est pas aussi important, car elles obtiennent plus de clics (CTR).

Utilisez des méthodes telles que des points en surbrillance, des flèches, du texte en gros caractères et des images étonnantes ou accrocheuses pour que votre CTR atteigne le niveau souhaité. Nous savons tous que YouTube récompense les chaînes qui gardent leurs visiteurs sur leurs pages pendant des périodes plus longues. Les internautes s'intéressent davantage à votre contenu s'ils le regardent pendant des périodes plus longues. (Vous pouvez utiliser les statistiques de YouTube pour contrôler le temps que les gens passent à regarder vos vidéos). Vous pouvez intégrer des liens vers d'autres vidéos ou du matériel similaire à l'endroit exact où les consommateurs s'arrêtent en utilisant des cartes YouTube. Vous pouvez utiliser différents types de cartes, comme une liste de lecture, un sondage ou une contribution, et vous pouvez utiliser jusqu'à cinq cartes pour chaque vidéo, qui apparaissent sous la forme d'une boîte rectangulaire ou d'une accroche dans le coin droit de la vidéo. Les utilisateurs peuvent abandonner la vidéo qu'ils sont en train de visionner, mais ils seront dirigés vers votre autre contenu, ce qui les incitera à rester sur votre chaîne et vous aidera à améliorer votre classement.

9. **Pousser pour les abonnements.**

Dès qu'une personne s'abonne à votre chaîne, vous savez qu'elle est intéressée par ce que vous avez à dire. Gardez le contact avec vos abonnés et ceux qui l'ont déjà fait dans chaque vidéo que vous publiez sur votre chaîne. En utilisant ce lien, vous pouvez consulter la liste de vos abonnés. Les clients abonnés ne doivent pas être achetés. En tant que stratégie à long terme, cela diminuera votre engagement et réduira la fiabilité de votre profil. N'oubliez pas que si vous n'incitez pas vos visiteurs à s'abonner, vous risquez de perdre un grand nombre d'adeptes potentiels. Le temps de visionnage sur YouTube est susceptible d'augmenter si vous avez un nombre plus important d'abonnés.

10. **Augmentez la fréquence de vos téléchargements.**

Cela peut sembler décourageant au début, mais augmenter la fréquence de publication d'au moins une vidéo par semaine peut vous aider à développer votre audience. Ne vous inquiétez pas, vous n'aurez pas besoin des services d'une entreprise de conception ou d'une grande agence de publicité pour mener à bien cette tâche. Les smartphones d'aujourd'hui ont des capacités d'enregistrement vidéo fantastiques, et des applications comme Animoto simplifient le montage vidéo, ce qui vous permet de créer du contenu vidéo avec un budget limité. On ne saurait trop insister sur l'importance de la cohérence. Tenez vos followers informés de la date de publication de nouvelles vidéos en les postant à la même heure chaque jour ou chaque semaine. Ensuite, respectez votre plan.

11. Devenez un expert de la vidéo sociale (et de YouTube).

La vidéo en tant que format de contenu continue de gagner en popularité. Selon le rapport "The State of Video Marketing", 86 % des entreprises utilisent la vidéo comme stratégie de marketing, et 87 % des spécialistes du marketing font état d'un retour sur investissement positif. Les spécialistes du marketing doivent comprendre la fonction de la vidéo et savoir comment l'utiliser avec succès sur tous les canaux de médias sociaux, car les consommateurs deviennent plus visuels et les plateformes comme Tok-to gagnent en popularité. Vous apprendrez à mettre en place et à gérer avec succès une chaîne YouTube, ainsi qu'à élaborer des tactiques pour que votre chaîne se distingue des autres, grâce au cours accrédité de médias sociaux et de marketing de DMI. Vous apprendrez également à intégrer la vidéo dans votre contenu sur toutes les plateformes, à développer votre audience en ligne et à tirer parti de la publicité et des analyses pour créer des campagnes visuelles convaincantes.

Chapitre no2.

Contenu pour réussir à développer une chaîne YouTube.

La popularité de YouTube est montée en flèche ces dernières années. Personne n'aurait pu imaginer l'importance que prendrait YouTube lorsqu'il a été lancé en 2005 avec Me at the Zoo. Dix-huit mois après que Chad Hurley, cofondateur de YouTube, a diffusé son voyage au zoo dans le monde entier, Google a annoncé qu'il allait acheter le site pour 1,65 milliard de dollars. Depuis lors, la puissance et l'influence de YouTube ont augmenté à une vitesse vertigineuse. Il est même le deuxième plus grand moteur de recherche au monde, après Google. Certains des chiffres sont époustouflants:

1. 1,325 000 000 de personnes utilisent YouTube.

2. Chaque minute, 300 heures de vidéos sont publiées sur YouTube.

3. Chaque jour, 4 950 000 000 de vidéos sont visionnées sur YouTube.

4. Chaque jour, 1 000 000 000 de vidéos YouTube mobiles sont visionnées.

En 2016, Google a commandé un sondage pour connaître les habitudes de visionnage les plus récentes de YouTube. Voici quelques-uns des points saillants de l'enquête. Les plateformes vidéo en ligne sont préférées par 6 individus sur 10 à la télévision en direct. Huit personnes sur dix âgées de 18 à 49 ans regardent YouTube chaque mois. YouTube touche plus de jeunes de 18 à 49 ans sur mobile que n'importe quelle chaîne de télévision diffusée ou câblée.

En 2017, Google s'est concentré sur les utilisateurs qui regardaient YouTube sur leur téléviseur. Les faits saillants de cette recherche sont les suivants . La plupart des gens préfèrent regarder des vidéos en ligne plutôt que sur un téléviseur. Huit jeunes de 18 à 49 ans sur dix regardent YouTube chaque mois. YouTube touche plus de 18-49 ans sur mobile que n'importe quel réseau de télévision diffusé ou câblé. En 2017, Google s'est concentré sur les utilisateurs qui regardaient YouTube sur leur téléviseur. Les faits saillants de la recherche sont les suivants . Pour de nombreux individus, YouTube n'a qu'un seul but : visionner des vidéos musicales rapidement et facilement. Les vidéos musicales ne peuvent cependant pas être négligées, car il y en a tellement ! "See You Again" de Wiz Khalifa avec Charlie Puth a été vu 2,916 milliards de fois sur YouTube, selon la liste Wikipedia des vidéos YouTube les plus vues, et a récemment dépassé le roi de longue date de YouTube "Gangnam Style". Les vidéos musicales représentent 77 des

80 premières vidéos de la liste. Cependant, YouTube est bien plus qu'un simple endroit où regarder des vidéos musicales. Les vidéos musicales officielles offrent des possibilités minimales pour la promotion des influenceurs du point de vue du marketing d'influence. Cependant, il existe une variété d'autres formes de vidéos qui offrent des perspectives plus considérables pour les spécialistes du marketing.

- **Animaux amusants.**

Il est impossible de ne pas tomber sur des créatures amusantes sur Internet ; les fils d'actualité Facebook, en particulier, semblent parfois en regorger. Les vidéos de catnapping ne sont pas très populaires cette année, mais les gens aiment toujours regarder des animaux mignons en action. Simons Cat est un exemple de chaîne YouTube populaire consacrée aux vidéos d'animaux amusants, qu'ils soient réels ou animés. Il existe, bien sûr, plusieurs chaînes animalières sévères, dont les films de National Geographic avec Sir David Attenborough.

- **Walkthroughs de jeux vidéo.**

Même si PewDiePie, le YouTuber le plus populaire au monde, règne en maître sur ce type de vidéo, nous n'avons pas pu résister à l'envie de l'inclure dans notre sélection. Des millions de chaînes YouTube sont consacrées aux jeux vidéo depuis que les jeunes garçons (le joueur le plus courant) ont été les premiers à découvrir le site. Les 1 000 meilleures chaînes YouTube Minecraft peuvent être trouvées sur un site Web consacré uniquement à l'omniprésence du jeu. Il est courant pour les joueurs d'enregistrer une vidéo de présentation dans laquelle ils jouent à un jeu vidéo entier tout en commentant leurs progrès. L'une des raisons de la popularité de Minecraft est que les cinéastes utilisent la capacité du jeu à être facilement modifié dans leurs films, dans lesquels ils incarnent souvent des personnages personnalisés. Il peut y avoir beaucoup d'engagement et même des sessions de jeu en direct entre les réalisateurs de vidéos de jeux et leurs spectateurs.

- **Guides pratiques et didacticiels.**

Le visuel (en voyant), l'auditif (en entendant) et le kinesthésique (en bougeant) sont les trois types de styles d'apprentissage (en faisant). Chacun apprend en combinant ces approches, mais la plupart des gens préfèrent une méthode aux autres. Dans leurs classes, les bons enseignants cherchent à utiliser une combinaison de ces trois stratégies. Si l'enseignement kinesthésique via une vidéo sera toujours difficile, c'est le support idéal pour ceux qui aiment les expériences d'apprentissage visuelles et sonores. Les personnes plus enclines à la kinesthésie peuvent tirer profit d'une vidéo bien structurée qui vous pousse à travailler parallèlement à la présentation. Il y a tellement de vidéos "Comment faire" sur YouTube que vous découvrirez certainement quelque chose qui vous aidera à accomplir presque toutes les tâches. Ces vidéos ont la vertu de ne pas vieillir ; la seule raison pour laquelle une vidéo deviendrait obsolète est que l'activité elle-même change ou devient obsolète.

- **Commentaires sur les produits.**

L'Internet est devenu une source d'information évidente pour de nombreuses personnes lorsqu'elles envisagent d'acheter quelque chose. Lorsqu'ils s'intéressent à un article, ils veulent savoir ce que d'autres personnes en pensent. En ce sens, YouTube ressemble beaucoup à n'importe quel autre média social. Pour voir ce que les autres ont à dire, les gens se branchent sur les chaînes des personnes qu'ils connaissent et en qui ils ont confiance.

Selon les enquêtes, les clients sont plus enclins à acheter un produit s'ils lisent un avis positif en ligne. Une grande variété de produits peuvent bénéficier de l'utilisation de YouTube, mais tout dépend de ce que vous essayez de promouvoir. Qu'il s'agisse de produits cosmétiques, d'un véhicule ou d'un nouveau gadget de cuisine, les gens sont plus susceptibles de s'intéresser à une critique s'ils peuvent voir le produit en action.

- **Vidéos des potins de célébrités.**

La fascination des gens pour les potins de célébrités n'est pas nouvelle ; les tabloïds des journaux s'en nourrissent depuis des années et même les chaînes de télévision câblées y sont consacrées. Il n'est donc pas surprenant que les gens affluent sur YouTube pour obtenir leur dose de potins sur les célébrités. Bien sûr, beaucoup de ces films semblent encore sortir tout droit des journaux.

- **Vlogs.**

L'abréviation naturelle de "weblog" est aujourd'hui souvent appelée "blog", mais le terme était initialement utilisé pour décrire un journal en ligne des activités quotidiennes d'une personne. Beaucoup de gens écrivent sur leur petit-déjeuner quotidien et sur ce qu'ils ont accompli la veille, même si les blogs se sont développés depuis. Il existe certaines similitudes entre les vlogs et les blogs, mais il ne s'agit pas de la même idée. Pour le dire autrement, c'est comme si vous voyiez un film de votre ancienne entrée de journal. Par conséquent, le contenu est souvent plus intéressant puisqu'il se trouve sur YouTube plutôt que dans un journal caché sous le lit. Les discours non scriptés et l'apparence d'un regard honnête dans l'esprit du vlogueur sont des caractéristiques du vlogging. Ils préfèrent se spécialiser dans un seul domaine de connaissances. Dans la communauté YouTube, les vlogs sont parfois comparés à la télé-réalité. Ils vous donnent un aperçu de la routine quotidienne du YouTubeur (ou du moins de ce qu'il est prêt à révéler). Les chaînes de nombreux vlogs sont suivies par un grand nombre de téléspectateurs, comme c'est le cas pour la télé-réalité.

- **Vidéos de comédie et de sketchs.**

De nombreuses personnes utilisent l'humour et les films à sketches pour divertir leurs spectateurs. Avec le grand nombre de vidéos comiques accessibles en ligne, vous avez toutes les chances de trouver quelqu'un qui partage votre sens de l'humour. Parmi les vidéos les plus partagées sur Facebook et d'autres plateformes de médias sociaux figurent ces clips hilarants. Il y a de fortes chances que cette saveur devienne une sensation virale. Un grand nombre de chaînes comiques YouTube ont un public plus important que de nombreuses émissions comiques de la télévision de réseau.

- **Courses/Achats.**

Regarder d'autres personnes acheter des choses qu'elles ne peuvent que rêver de posséder est le passe-temps favori de nombreuses femmes. Quand il s'agit d'acheter des chaussures, y a-t-il quelque chose de mieux que de voir quelqu'un d'autre passer par ce processus angoissant ? On les appelle des "haul films" parce qu'ils suivent des individus pendant qu'ils achètent certaines choses. Les chaînes de beauté, de mode et de style de vie sont les lieux les plus courants pour découvrir ces films. Les entreprises intéressées par le marketing d'influence peuvent tirer parti de ces vidéos, à condition que les articles achetés correspondent aux types de produits que le public de la chaîne aime et désire.

- **Vidéos des déballages.**

Les vidéos de déballage sont un véritable phénomène du XXIe siècle. Vous seriez surpris de savoir combien de personnes apprécient de voir un objet neuf déballé par quelqu'un d'autre. Ce sont à la fois des films d'achat et des films d'évaluation de produits, mais en réalité, ils se situent quelque part entre les deux. Déballer les cadeaux et découvrir le contenu de ces films, c'est comme le plaisir du matin de Noël pour un enfant. Si vous avez déjà vu une vidéo de déballage, vous savez à quel point il est excitant de voir ce que contient un cadeau pour la première fois. Pour les entreprises, les films d'unboxing peuvent être un outil puissant pour influencer les choix d'achat des consommateurs et une source de revenus lucrative. Comme d'autres domaines du marketing d'influence, celui-ci est très prometteur.

- **Vidéos éducatives.**

Sur cette page, nous avons séparé les vidéos d'instruction des instructions "Comment faire", même si elles peuvent être aussi instructives. Il est possible de distinguer les deux groupes en raison de leur taille. TED et National Geographic sont deux des chaînes les plus connues qui sont liées à d'énormes organisations officielles et proposent leur matériel. Les films éducatifs apparaissent sur les sites Web d'entreprises de toutes tailles et de tous secteurs. Le deuxième type de chaîne vidéo éducative s'adresse aux enfants d'âge préscolaire et élémentaire. Leur objectif est de fournir des vidéos stimulantes et intrigantes à leur jeune public cible. Un autre genre que l'on peut qualifier de "evergreen", car nombre de ces vidéos attirent de nouveaux spectateurs et sont retournées à plusieurs reprises. Elles se "décomposent" lorsque leur valeur éducative n'est plus pertinente.

- **Parodies.**

La popularité des parodies sur YouTube en fait une catégorie distincte des autres vidéos comiques. Certaines chaînes de vidéos parodiques sont plus populaires et plus compétentes que d'autres. Les parodies de vidéoclips réalisées par les meilleurs d'entre eux ont généralement un aspect plutôt soigné. Lors de la réalisation de vidéos parodiques, la frontière entre une vidéo réussie et une autre qui ne trouve pas d'écho auprès du spectateur peut être minuscule.

- **Farces et attrapes.**

Il y a dix ans, Jackass a fait de Johnny Knoxville une marque de fabrique, ce qui, à bien des égards, a ouvert la voie à toutes les vidéos de farces et attrapes sur YouTube. Leur popularité est indéniable sur YouTube ainsi que sur Facebook et d'autres sites de médias sociaux. Ces films montrent des farces sur des amis, des membres de la famille et des membres du grand public. Lorsqu'il s'agit de transformer des individus en stars des médias sociaux, ces films sont une excellente option. Les séries de vidéos dans lesquelles des personnes se font des farces entre elles, pour se venger dans la vidéo suivante, sont de plus en plus courantes. Il existe des vidéos de farces pour les hommes et les femmes. Les convictions des farceurs et celles des marques avec lesquelles ils travaillent ne sont pas toujours compatibles, il est donc essentiel de s'assurer qu'ils sont sur la même longueur d'onde.

Chapitre no.3

Comment obtenir des abonnés sur YouTube.

Pourquoi est-il essentiel d'avoir des abonnés YouTube?

Considérez votre chaîne YouTube comme votre club et vos abonnés comme vos fans. Les abonnés sont vos fervents adeptes qui ont levé la main pour indiquer qu'ils veulent plus de votre contenu et qu'il résonne avec eux. Ils ont également déclaré qu'ils ne veulent pas manquer une seule vidéo pour recevoir des notifications. L'exemple de Mean Girls montre comment le fait d'avoir un public augmente la crédibilité sociale. Plus le nombre d'abonnés est élevé, plus vous semblez puissant et plus votre chaîne paraît désirable aux yeux de nouveaux abonnés potentiels. Il existe également des critères d'abonnement à respecter pour améliorer vos capacités sur YouTube. Par exemple, si vous obtenez 100 abonnés, vous pouvez concevoir une URL personnalisée pour votre chaîne. Si vous atteignez 1 000 abonnés, vous avez rempli l'une des conditions du programme de partenariat YouTube.

En outre, l'algorithme de YouTube accorde une grande importance à l'engagement, et les abonnés qui s'impliquent avec vous en tant que créateur sont plus susceptibles de s'engager avec vous. Ils seront les premiers à voir votre nouveau contenu, sont plus susceptibles de le commenter (en théorie) et de le partager avec des amis ayant des intérêts similaires. Plus il y a de personnes qui s'intéressent à votre contenu, plus YouTube le considérera comme une vidéo digne de confiance et le placera en tête des résultats de recherche, ce qui permettra aux nouveaux spectateurs de trouver plus facilement votre chaîne.

Un autre avantage de la participation au programme de partenariat est la possibilité de gagner de l'argent. Avec 1 000 abonnés et 4 000 heures de visionnage sur votre chaîne, vous pouvez commencer à gagner de l'argent grâce à l'affichage, à la superposition et aux publicités vidéo. Et ce n'est pas tout : avec 1 000 abonnés, vous pouvez commencer à vendre des abonnements à votre chaîne, et avec 10 000 abonnés, vous pouvez commencer à vendre des produits de marque à vos abonnés sur vos pages de veille. Maintenant que vous savez pourquoi les abonnés sont essentiels, voyons comment augmenter votre nombre d'abonnés de manière organique afin de récolter les fruits de votre audience.

1. Créer un contenu cohérent.

La constance est cruciale pour le succès d'une chaîne YouTube. Lorsque le câble était la seule option, les fans se faisaient un devoir de prévoir du temps dans leur emploi du temps pour regarder une émission lorsqu'elle était diffusée. Ils pouvaient prédire quand le prochain épisode serait diffusé et investir dans la programmation parce qu'elle était diffusée en continu. En d'autres termes, la télévision de réseau constituait une source constante de divertissement pour ceux qui regardaient leurs émissions préférées semaine après semaine. Et que se passe-t-il si une émission s'arrête brusquement ou si le réseau décide de ne pas la renouveler ? Lorsque la série The Secret Circle de la CW a été annulée après la première saison, je me souviens m'être sentie lésée, car les cliffhangers qui me restaient n'ont jamais été résolus. Les fans des créateurs de YouTube ont une dévotion similaire à leur égard. Si vous publiez constamment du contenu de haute qualité, cela donnera aux nouveaux abonnés potentiels une raison de s'abonner. Les consommateurs ont ainsi une raison de consacrer leur temps précieux à votre contenu, car ils savent quand vous publierez quelque chose de nouveau. Acculevel, une entreprise de réparation de fondations basée à Rossville, dans l'Indiana, fait un travail fantastique en informant les gens de la régularité de ses publications dans la bannière de sa chaîne. Pour ne pas manquer une nouvelle vidéo tous les jeudis, consultez la bannière de leur chaîne si vous n'y êtes pas déjà abonné (voir ci-dessus).

2. Exploitez la bande-annonce de votre chaîne.

Une bande-annonce de chaîne est une vidéo mise en avant qui apparaît sur la page d'accueil de votre chaîne YouTube. Elle fonctionne de la même manière qu'une bande-annonce de film en ce sens qu'elle permet aux gens d'en savoir plus sur vous. L'accroche permet également d'informer les visiteurs potentiels de la date de sortie de nouvelles vidéos et des raisons pour lesquelles ils devraient s'abonner. Le cabinet d'avocats Grossman, un client d'IMPACT, utilise cette bande-annonce de chaîne pour encourager les visiteurs à s'abonner pour obtenir de nouvelles informations. Cette bande-annonce, que l'on peut voir sur leur chaîne California Probate and Trust Litigation, fait un excellent travail en établissant des attentes pour les types de personnes intéressées par ce type de contenu. Scott mentionne les domaines du droit qu'ils abordent dans leurs films, l'État auquel ils s'appliquent, le fait qu'ils génèrent régulièrement de nouvelles informations. Il encourage tous ceux qui regardent cette vidéo à s'abonner à la chaîne. Courte et agréable, cette vidéo fait un excellent travail en établissant des attentes raisonnables pour le public cible de la chaîne et en le convainquant de cliquer sur le bouton "S'abonner".

3. Demandez directement à vos spectateurs de s'abonner

Bien que cela puisse sembler cliché, encourager votre public à aimer et à s'abonner directement est une technique simple et efficace pour augmenter le nombre de vos abonnés YouTube. Partagez l'importance de leur interaction pour vous en tant que créatif, pour être humain et authentique.

Certains artistes le font à la fin de la vidéo, tandis que La-Z-Boy d'Ottawa et de Kingston au Canada, un ancien client d'IMPACT, a commencé à demander aux spectateurs de s'abonner au milieu de la vidéo. Leur plug d'abonnement se trouve à environ 1:58 dans l'exemple ci-dessous ! Non seulement ils encouragent les téléspectateurs à s'abonner pour obtenir du contenu supplémentaire, mais ils incluent également un graphique pour souligner visuellement la question. En tant qu'établissement de vente au détail où de nombreux consommateurs voient les meubles avant de les acheter, Dave, l'animateur, fait un excellent travail en incitant les téléspectateurs à visiter le magasin et à "lui dire bonjour" afin qu'il puisse les aider à acheter des meubles. PS : Les apparitions de Dave sur la chaîne YouTube lui ont valu une reconnaissance dans le magasin ! #Superstar.

4. L'abonnement doit être aussi simple que possible.

Faites en sorte qu'il soit aussi simple que possible pour les spectateurs de s'abonner à votre vidéo pendant qu'ils la regardent. Incluez des annotations dans la vidéo qui permettent aux spectateurs de s'abonner en cliquant sur un bouton. VidIQ, un outil permettant de développer votre présence sur YouTube, fait un excellent travail à cet égard. Vous pouvez voir dans la capture d'écran ci-dessous qu'il y a un bouton qui, lorsqu'il est survolé, permet à une personne de s'abonner. Veillez à encourager verbalement les internautes à s'abonner à votre chaîne et à ajouter des annotations tout au long de votre vidéo. Cette méthode constitue une approche plus personnelle pour communiquer avec votre public et l'encourager à s'inscrire à votre newsletter. Veillez à proposer à vos lecteurs plusieurs options d'abonnement s'ils ne sont pas prêts lorsque vous le leur demandez pour la première fois.

5. Créez des vignettes attrayantes.

Même si ce conseil ne semble pas aussi évident que les autres, considérez ceci : Pour que les autres suggestions fonctionnent, vous devez d'abord faire en sorte que les gens remarquent votre matériel ! Lorsqu'un internaute potentiel tape une recherche, qu'il appuie sur la touche "Entrée" et que les résultats apparaissent, la vignette fait partie de la première impression visuelle qu'il voit. C'est dans la vignette que vous vous distinguez des autres résultats de recherche et que vous gagnez l'attention de l'utilisateur. La vignette et le titre de cette vidéo sont identiques, ce qui indique au spectateur que cette vidéo traite réellement du sujet qu'il recherche. La vignette montre également le visage joyeux de l'animateur, vêtu d'une tenue professionnelle en matière de CVC, ce qui indique que cette personne sait de quoi elle parle. Ils rendent le visionnage intuitif et simple si vous recherchez des informations sur ce sujet, et si vous réalisez les vidéos de haute qualité que vous devriez faire, vous aurez beaucoup plus de chances de gagner des abonnés.

6. Collaborer avec d'autres créateurs

Sur YouTube, il y a certainement des entreprises qui ont un public comparable au vôtre. Leurs admirateurs pourraient également aimer votre contenu. Collaborer avec ces créateurs est une méthode fantastique pour toucher de nouvelles personnes et gagner de nouveaux abonnés. Examinons un autre scénario. Pour les musiciens, YouTube est énorme, et Boyce Avenue y est présent depuis longtemps. Ils interprètent des chansons originales et des collaborations avec d'autres musiciens de YouTube, comme avec Jennel Garcia ci-dessous. La vidéo identique peut être visionnée sur la page de Garcia, donc si le public de Jennel n'était pas au courant de Boyce Avenue auparavant, il le sera désormais. Malheureusement, je ne suis pas musicien, donc je ne peux pas imaginer ce que c'est que de jouer avec un autre musicien. Néanmoins, si je voyais un artiste que je suis travailler avec quelqu'un d'autre, j'irais probablement sur sa chaîne pour l'écouter et éventuellement l'ajouter à ma liste de chaînes auxquelles je m'abonne. C'est comme si votre meilleur ami vous recommandait une nouvelle émission à regarder ou qu'un réseau étendu décidait de réaliser un crossover de séries pour promouvoir une autre émission sur son réseau. Il en va de même pour les entreprises. Si vous réalisiez une interview sur la chaîne d'un autre expert du secteur, vous vous retrouveriez devant son public, qui comprendrait sans doute de nombreuses personnes n'ayant jamais entendu parler de vous auparavant. Ils seront peut-être plus tentés de consulter votre chaîne et même de s'abonner après vous avoir connu.

7. Créer des titres consultables.

Le titre de la vidéo, comme votre vignette, est tout à fait essentiel. Un bon titre donne le ton de la vidéo, non seulement en ce qui concerne son sujet mais aussi ses objectifs, et il encourage les gens à cliquer et à regarder. Lorsqu'un créateur montre qu'il comprend l'intention de recherche de l'utilisateur, cela signifie qu'il a une conscience plus profonde des besoins du public et de ce qu'il recherche. Pour comprendre pourquoi, il faut creuser un peu plus loin. Il établit la confiance et démontre que vous êtes une ressource digne de confiance à laquelle il faut s'abonner s'ils ont d'autres questions.

8. Créez des listes de lecture à consommer sans modération.

Je suis en train d'organiser mon mariage. Je n'ai jamais organisé de mariage auparavant, alors comment saurais-je par où commencer ? Entrez dans la playlist "Où commencer l'organisation de votre mariage" de la Bluebird Bride Academy. Lauren nous explique qu'elle a déjà organisé de nombreux mariages et qu'elle est là pour nous aider dans la première vidéo, ce qui me met immédiatement à l'aise en tant que débutante en matière d'organisation de mariage.

Elle commence par les principes de base, puis passe aux questions plus spécifiques à poser aux sites potentiels dans la vidéo suivante. Elle m'a guidée à travers tout ce que je devais savoir, rendant le processus moins intimidant et me gardant sur la bonne voie. Vous pouvez comprendre que cette mariée s'est rapidement abonnée à cette chaîne et a adressé toutes mes questions à Lauren. Je ne suis pas la seule, à en juger par ses plus de 5 000 abonnés. Les listes de lecture vous donnent les meilleures chances d'attirer de nouveaux abonnés en démontrant que votre matériel est cohérent et en les orientant sur un parcours à long terme. Pour maintenir l'intérêt des gens, vous devez inclure un objectif ou un processus à long terme dans votre liste de lecture.

9. Engagez-vous auprès de votre public

Les entreprises ont une occasion unique de s'engager et de se connecter avec leurs adeptes et leurs acheteurs par le biais des médias sociaux. Et comme 57 % des consommateurs pensent qu'un lien humain renforce la fidélité à la marque et 58 % pensent qu'un lien humain augmente la probabilité d'un achat, il est essentiel de cultiver cette relation avec votre public. Poser une question sur l'une de vos vidéos et la placer en tête du fil de discussion en tant que créateur est une approche formidable pour montrer aux abonnés potentiels que vous êtes actif dans la communauté YouTube. Publier une remarque et l'épingler en haut de la page montre non seulement que vous vous êtes engagé sur la plateforme, mais encourage également la discussion sur le sujet de la vidéo. Suivez les chaînes de vos fans les plus dévoués en plus de réagir à leurs remarques. Qui sait, peut-être l'un de vos visiteurs laissera-t-il une suggestion formidable pour une prochaine vidéo dans les commentaires!

10. Utilisez d'autres comptes de médias sociaux pour faire connaître votre chaîne

Profitez de l'occasion pour promouvoir votre contenu sur les autres canaux de médias sociaux que vous utilisez lorsque vous publiez une nouvelle vidéo et encouragez les gens à s'abonner. Ce principe repose sur l'idée que si quelqu'un vous suit sur une plateforme et apprécie vos posts, il pourrait vous suivre sur une autre - dans ce cas, YouTube. Une excellente illustration de ce principe est fournie par The Buttery Bros, une chaîne YouTube que je regarde souvent. Ces créateurs de contenu sont spécialisés dans le fitness, notamment les athlètes qui participent aux CrossFit Games. Ils publient sur Instagram chaque fois qu'un nouvel épisode est publié, comme le montre l'exemple ci-dessous. Avec une image fascinante et quelques informations sur l'épisode, le passé informe le public d'Instagram qu'un nouvel épisode a été publié sur YouTube. L'illustration de ce post est similaire à la vignette YouTube qu'ils utilisent, allant même jusqu'à transmettre un sentiment subconscient de reconnaissance de la marque.

11. Partagez ce sur quoi vous travaillez ensuite

Si vous pensez à la télévision conventionnelle, une façon d'inciter les téléspectateurs à regarder leur émission préférée la semaine suivante était de leur donner un aperçu de ce qui allait suivre. Par exemple, Game of Thrones était tristement célèbre pour son utilisation d'une musique inquiétante et de coupes rapides pour capter le spectateur et l'intéresser au prochain épisode. Votre contenu YouTube a le potentiel pour susciter le même niveau d'intérêt.

Si vous souhaitez que les internautes s'abonnent, le fait de partager ce sur quoi vous travaillez ensuite est une excellente approche pour leur montrer ce qu'ils obtiendront s'ils s'abonnent. Cela peut être une excellente méthode pour inciter votre public à rester à l'écoute de votre prochain voyage si vous développez une série de guides pratiques, par exemple. Les gens sont beaucoup plus susceptibles de reconnaître l'intérêt de s'abonner si vous les laissez sur leur faim et si vous les incitez à attendre la suite des événements..

12. Raconter une histoire

Ce n'est pas pour rien que la narration a perduré pendant des millénaires. Bien que le support ait changé, la formule reste la même. Vos spectateurs veulent être instruits et amusés en même temps. Ils veulent savoir que vous comprenez ce qu'ils vivent et que vous pouvez vous identifier à eux. Les gens sont attirés par les histoires lorsqu'ils s'y reconnaissent. Rhodes est reconnu comme un expert dans sa profession et comme un être humain auquel les gens peuvent s'identifier et qu'ils peuvent soutenir, grâce à sa concentration sur la diffusion d'histoires vraies sur l'agriculture familiale et sur l'inclusion d'histoires sur sa famille. Réfléchissez à l'histoire que vous voulez raconter avec votre contenu. Quelles connaissances possédez-vous que vous pouvez partager avec le reste du monde ? Est-il possible de formuler les choses de manière à raconter une histoire tout en établissant la confiance ? Lorsqu'il s'agit de comprendre le monde et de transmettre nos expériences, nous racontons des histoires depuis la nuit des temps. Si vous lisez ceci et que vous ne croyez pas avoir une histoire captivante à raconter, regardez de nouveau. Avec des milliards de visiteurs mensuels sur YouTube, il y a de fortes chances que votre récit trouve un écho auprès de personnes qui pourraient devenir vos abonnés.

Les abonnés ajoutent de la valeur à votre chaîne.

En d'autres termes, vos abonnés YouTube ne sont pas seulement vos fans inconditionnels, mais ils sont aussi les premiers à regarder une nouvelle vidéo lorsqu'elle est publiée, les premiers à s'engager avec elle ; ils sont aussi les plus enthousiastes à l'idée de la recommander à d'autres personnes qui partagent leurs passions. L'augmentation du nombre d'abonnés à YouTube est essentielle pour établir le succès sur la plateforme, en mettant l'accent sur la création d'une communauté. Il existe plusieurs seuils d'abonnés que vous devez atteindre pour progresser dans votre carrière sur YouTube. Le nombre d'abonnés augmentera rapidement si vous vous concentrez sur la production de contenus utiles et divertissants destinés à un public spécifique, mais n'hésitez pas à expérimenter de nouvelles idées. Vous ne savez jamais ce qui trouvera un écho auprès de votre public si vous ne l'essayez pas. Et si quelque chose ne fonctionne pas, votre chaîne n'est pas encore terminée.

Chapitre no. 4

Les stars de YouTube sont plus influentes que les autres célébrités traditionnelles.

Les producteurs de YouTube ont plus d'influence que les célébrités traditionnelles auprès des millennials qui passent beaucoup de temps à regarder des vidéos sur Internet. Nous comparons et opposons ici l'influence des personnalités de YouTube à celle de la télévision, du cinéma, du sport, de la musique et d'autres célébrités. Pendant de nombreuses décennies, la télévision a été la principale source d'informations et de divertissement. C'était aussi la façon dont on les approchait pour le marketing. Presque chaque publicité incluait une célébrité soutenant la supériorité d'un produit ou d'un service particulier. C'est encore vrai dans une certaine mesure aujourd'hui. Neil Patrick Harris apparaît dans les publicités pour la bière Heineken, et il y a une foule de célébrités dans les publicités du Super Bowl. Toutefois, l'essor des médias sociaux, la baisse de popularité de la télévision et le dégoût des gens pour la publicité ont conduit à une redéfinition du terme "célébrité". Ce sont désormais les gens ordinaires qui établissent les tendances et façonnent l'opinion publique, et ils le font sur YouTube. En 2015, les milléniaux représentaient le groupe démographique de consommateurs le plus important, avec un pouvoir d'achat de 1 300 milliards de dollars.

Les milléniaux sont une cible populaire pour les spécialistes du marketing, mais ils regardent rarement la télévision et ne s'intéressent pas à ce que les célébrités en vue disent des produits ou des services. Ils font davantage confiance à leurs tribus sur les médias sociaux et aux conseils de leurs pairs. Dans une enquête de Defy Media, 63 % des répondants âgés de 13 à 24 ans ont déclaré qu'ils essaieraient une marque ou un produit conseillé par un créateur de vidéos sur YouTube, contre seulement 48 % qui ont dit la même chose d'une célébrité du cinéma ou de la télévision. Les entreprises en prennent note et se tournent vers les gens ordinaires plutôt que vers les célébrités pour atteindre les milléniaux. Étonnamment, l'influence des stars de YouTube sur les plus jeunes va au-delà de l'achat.

En 2014, Variety a commandé une enquête auprès des jeunes de 13 à 18 ans aux États-Unis pour découvrir les personnes les plus influentes dans leur vie. On leur a demandé de classer 20 personnes connues en fonction de leur accessibilité, de leur authenticité et d'autres facteurs que les répondants considéraient comme des éléments essentiels de leur influence globale. Les YouTubers populaires ont dominé les cinq premières places de la liste finale, tandis que des célébrités établies comme Jennifer Lawrence et Katy Perry se sont contentées de rangs inférieurs. Le magazine a commandé cette enquête une nouvelle fois en 2015. Les résultats, cependant, sont restés cohérents, avec des personnalités YouTube célèbres occupant les six premières places. Alors, pourquoi les personnalités de YouTube ont-elles une influence plus importante sur les milléniaux et les adolescents que les célébrités établies?

1. Les stars de YouTube sont plus aptes à développer des relations.

Les gens ne s'attachent pas aux célébrités traditionnelles car elles semblent fonctionner selon leurs méthodes de relations publiques plutôt que selon leur libre arbitre. Il est parfois difficile de dire où se termine une image magnifiquement préparée et où commence la personne naturelle. L'inauthenticité est une chose que les millennials abhorrent. En étant amicales et en créant des rencontres intimes avec leurs spectateurs, les stars de YouTube, en revanche, se connectent mieux avec les gens. Elles n'ont pas peur d'être farfelues, hilarantes, étranges ou de parler de sujets sensibles et personnels comme le sexe, le divorce, la violence domestique ou le racisme. Selon une étude commandée par Google, 40 % des jeunes utilisateurs de YouTube pensent que leurs créateurs de vidéos préférés les connaissent mieux que leurs amis, et 70 % des adolescents pensent qu'ils peuvent s'identifier à eux mieux que les célébrités traditionnelles.

2. Les stars de YouTube suscitent plus d'engagement.

Il est difficile de s'imaginer contacter des célébrités traditionnelles et obtenir une réponse personnelle (plutôt qu'une réponse délivrée par un représentant engagé). En revanche, les stars de YouTube répondent rapidement aux commentaires, sont accessibles sur les médias sociaux et organisent fréquemment des séances de questions-réponses avec leur public, au cours desquelles aucune question n'est exclue. D'après les mêmes statistiques de Google, la relation des créateurs de contenu YouTube avec leur base de fans entraîne un meilleur engagement. Les vidéos générées par les 25 premières stars de YouTube reçoivent trois fois plus de vues, 12 fois plus de commentaires et deux fois plus d'actions que les vidéos créées par des célébrités grand public (pouces, partages, clics, etc.).

3. Les personnalités de YouTube créent des tendances et façonnent la culture pop.

Selon la majorité des millennials, les YouTubers créent désormais davantage de tendances que les superstars traditionnelles. 70 % des abonnés de YouTube pensent que les personnalités de YouTube influencent et façonnent la culture pop, et 60 % d'entre eux déclarent qu'ils préféreraient acheter quelque chose sur la base de la recommandation d'une star de YouTube plutôt que sur celle d'une star de la télévision ou du cinéma. En outre, plusieurs adolescents qui regardent régulièrement YouTube ont admis dans une étude menée par l'université de Twente qu'ils s'intéressent "à ce que les YouTubeurs plus âgés ont à dire sur les choses" car cela les aide à façonner leurs propres opinions et leur vision du monde sur des sujets spécifiques tels que le design, la beauté, les jeux, les relations et la gestion des conflits. Les générations plus âgées, qui sont moins exposées à la culture YouTube et préfèrent les médias traditionnels tels que la télévision et les journaux, où les célébrités traditionnelles façonnent encore le débat, peuvent être rebutées par l'impact des personnalités YouTube. Cependant, elle atteint un niveau record chez les millennials.

4. Les stars de YouTube sont des maîtres dans la création de marques.

Lorsque vous n'êtes pas entouré d'autres personnes, votre marque est votre image, votre perception et votre histoire. Lorsque nous ne sommes pas présents, le producteur de toute forme de contenu en ligne vit de bons retours. Peu importe si l'éclairage est mauvais ou si l'accent est mis sur la quantité plutôt que sur la qualité. C'est le bavardage qui compte.

Si vous avez créé un buzz, cela signifie que vous avez piqué l'intérêt de votre public. Il est possible de gagner de l'argent avec des promos et des spots publicitaires en raison de la facilité de la rapidité, de la nouveauté et de la technologie. Les producteurs peuvent ensuite réinvestir leurs bénéfices dans la chaîne en modernisant leur équipement ou en s'associant à des spécialistes de haut niveau pour améliorer l'expérience globale. Il amplifie l'orientation de votre public et peut entraîner une augmentation du trafic. L'avantage par rapport aux stars traditionnelles est que leur image de marque n'est pas associée à la possession la plus fréquente d'un Millennial - un smartphone. Les publicités, les parrainages et l'étiquetage sont tous essentiels pour leurs entreprises. Oh ! bien sûr, ils ont un visage, un nom et un corps. Pour les Millennials, ce sont des zones interdites. C'est une bataille unique en son genre. C'est comme se battre avec un lance-flammes dans un combat de bâtons.

5. Les stars de YouTube sont des pionniers.

70 % des stars de YouTube sont censées lancer des tendances et influencer la culture pop ou les achats des Millennials. Cette vérité pourrait être remise en question à l'avenir si de meilleurs moteurs de recherche remplacent les téléviseurs et les journaux. Mais les Millennials ont le vent en poupe.

Pourquoi les stars de YouTube sont plus influentes que les célébrités traditionnelles.

Tu es dans un café, et deux de tes copains sont assis en face de toi. A est à droite. A vous parle de sa journée, s'enquiert de la vôtre, et semble être intéressé et attentif. B est à gauche. B ne vous parle pas et n'interagit pas avec vous de quelque manière que ce soit lorsqu'il est physiquement présent avec vous. Lorsque vous essayez d'attirer son attention, malgré cela, B vous dit à quel point il vous aime et vous apprécie de temps en temps, même s'il vous ignore. Avec qui préféreriez-vous passer du temps ? En juillet 2016, Celie O'Neil-Hart, responsable du marketing de contenu, et Howard Blumenstein, responsable du marketing produit, ont publié un article expliquant pourquoi les célébrités de YouTube sont plus influentes que les célébrités traditionnelles (Why YouTube Stars Are More Influential Than Traditional Celebrities). Les stars de YouTube sont représentées par A dans la comparaison précédente, tandis que les célébrités traditionnelles sont représentées par B. L'explication fondamentale de ces disparités est la façon dont chacun utilise sa célébrité particulière en termes d'image et de lien avec ses partisans.

Les superstars traditionnelles gagnent en notoriété en étant "impossibles à atteindre". Vous ne pouvez pas avoir leurs beaux habits, leur argent, leur beauté ou leur talent, ni, surtout, leur pouvoir. Le succès de ces superstars repose sur un public qui aspire à avoir ce qu'elles ont, ce qu'elles n'atteindront certainement jamais. Les fans sont totalement déconnectés de la vie de ces célébrités, malgré l'admiration qu'ils leur portent. Les célébrités de YouTube, en revanche, apparaissent comme des connaissances admirables mais toujours accessibles. Les créateurs de YouTube bénéficient d'une plateforme vidéo qui leur permet d'interagir directement avec leur public. Que leurs films soient brefs ou longs, leur objectif premier est de développer un lien étroit avec leurs téléspectateurs. Les YouTubers utilisent la capacité de la plateforme à s'adresser directement à un public tout en maintenant une image positive. Ils ne se contentent pas d'afficher leur personnalité, ils montrent également à quel point ils sont fiers des petites bizarreries qui les distinguent du reste du monde. Les célébrités, au sens traditionnel du terme, désirent paraître irréprochables. Les YouTubers s'efforcent de paraître parfaits dans leurs défauts.

Les téléspectateurs font confiance aux YouTubeurs populaires pour leurs conseils de vie, de style et tout le reste en raison de leur apparente honnêteté. L'authenticité des personnalités YouTube est de leur côté. Elles ont toute latitude pour décider de ce qu'elles publient et quand elles le font, sans avoir besoin d'une approbation extérieure. Lorsqu'elles disent quelque chose, c'est elles, et non un RP ou un paparazzi, qui le disent. Sept abonnés de YouTube sur dix pensent que les créateurs de YouTube influencent et façonnent la culture, et six sur dix préfèrent écouter les recommandations de leur créateur préféré sur ce qu'il faut acheter plutôt que leur star de télévision ou de cinéma préférée (O'Neil-Hart & Blumenstein, Why YouTube). Cela ne veut pas dire que les célébrités traditionnelles doivent être évitées ; cela signifie simplement que nous devrions prendre YouTube et d'autres plateformes d'influence populaires plus au sérieux. Zoella, un éminent gourou de la beauté comptant 11 millions d'adeptes, a publié une vidéo intitulée "February Favorites 2016" le 6 mars 2016, dans laquelle elle a simplement énuméré et détaillé les produits qu'elle a appréciés en février. A Knock Dream Journal, Divines Ol Shampoo & Conditioner, et le roman de Sophie Kinsella "Finding Audrey" figuraient parmi les produits qu'elle a énumérés. Les recherches sur Google pour ces produits ont augmenté dans les minutes qui ont suivi la mise en ligne de cette vidéo, et le Knock

Dream Journal a rapidement été épuisé. L'authenticité ne fait pas toujours vendre, mais elle le fait sur YouTube.

Chapitre no.5

Plus de vues sur YouTube gratuitement.

La réponse est oui. Lorsqu'il s'agit de faire de la publicité, d'éclairer et de divertir le public, YouTube n'est devancé que par Google en termes de popularité. Plus de 22 milliards de personnes visitent YouTube chaque mois, avec une durée moyenne de session d'environ 40 minutes. Un grand nombre de personnes utilisent YouTube. De la même manière que les particuliers ont commencé à payer pour faire de la publicité pour leurs vidéos sur YouTube, les gens ont commencé à payer pour obtenir plus de vues sur leurs vidéos YouTube. Les gens achètent des vues sur YouTube dans l'espoir de tromper les algorithmes de YouTube ou de persuader les spectateurs que, puisque tant d'autres ont regardé leur vidéo, ils devraient en faire autant. Cette stratégie pose quelques problèmes:

- Les capacités de détection des robots de YouTube ne cessent de s'améliorer.
- Plutôt que de compter les vues, les algorithmes se concentrent sur l'activité des utilisateurs.
- Cela peut être coûteux.

Augmenter gratuitement le nombre de vues sur YouTube demande du travail, mais si vous le faites correctement, vous serez récompensé par un plus grand nombre de vues et une meilleure expérience utilisateur, ainsi que par la possibilité d'étendre votre contenu. Le réseau a le pouvoir de toucher des milliards de personnes, que vous partagiez des recettes, appreniez aux gens à faire de l'origami ou vous moquiez des présidents. Alors, comment augmenter le nombre de vues sur YouTube et attirer davantage de personnes pour regarder vos vidéos ? Voici 30 suggestions pour vous aider à y parvenir.

Obtenez des vues à partir des résultats de recherche organique de YouTube.

YouTube utilise ses algorithmes pour présenter aux consommateurs les vidéos les meilleures et les plus pertinentes, à l'instar des algorithmes de résultats de recherche de Google. Imaginez ce qui se passerait si un aveugle se voyait confier la responsabilité de catégoriser le contenu et de décider quel contenu est le meilleur. La tâche semble-t-elle difficile ? Heureusement, l'algorithme de YouTube tient compte d'une grande variété de facteurs pour déterminer quelles vidéos sont les meilleures et doivent apparaître en tête de ses résultats de recherche.

- **Utilisez des titres descriptifs et riches en mots-clés.**

La recherche de mots-clés peut s'avérer utile ici. En plus de fournir des mots-clés à l'algorithme, un titre bien écrit et convaincant attire les spectateurs et les informe sur le contenu de la vidéo. Vous pouvez utiliser des méthodes de référencement éprouvées, comme un planificateur de mots clés ou d'autres outils de recherche de mots clés.

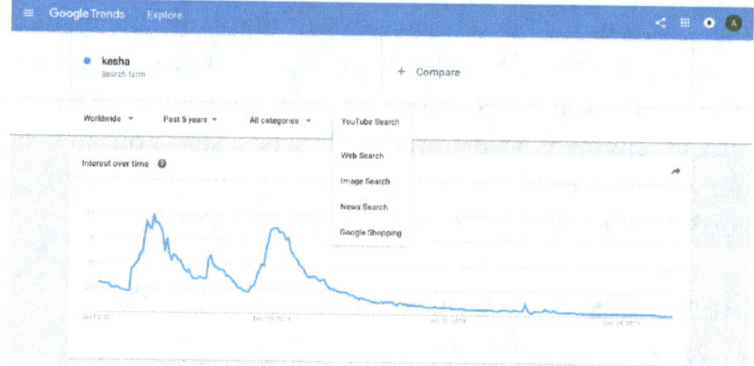

Allez sur le planificateur de mots-clés et choisissez la recherche YouTube à l'extrême droite pour voir la popularité d'un mot-clé sur YouTube. En indiquant aux consommateurs et aux moteurs de recherche le sujet de votre vidéo, l'optimisation de votre contenu vidéo pour les bons mots clés vous aidera à obtenir des vues organiques.

- **Descriptions de qualité et riches en mots-clés.**

En décrivant la vidéo, vous pouvez mieux renseigner les moteurs de recherche et les spectateurs sur votre vidéo. Le taux de clics et, par conséquent, le nombre de visionnages de votre vidéo augmenteront puisque les utilisateurs sauront à quoi s'attendre. Essayez de vous démarquer tout en restant général ; vous voulez piquer la curiosité des gens tout en essayant de vous classer pour les mots-clés courts. Utilisez vos descriptions pour attirer les internautes au-dessus du pli et optimisez-les pour le moteur de recherche YouTube comme vous le feriez pour une méta-description SEO classique.

- **Utiliser des étiquettes.**

Les balises vidéo sur YouTube aident les spectateurs et le système à comprendre le sujet de votre vidéo et ce qu'ils peuvent s'attendre à voir lorsqu'ils la regardent. Leur inclusion, ainsi que la description et le titre de votre film, devraient en exprimer l'essence. Réévaluer la valeur du référencement à longue traîne.

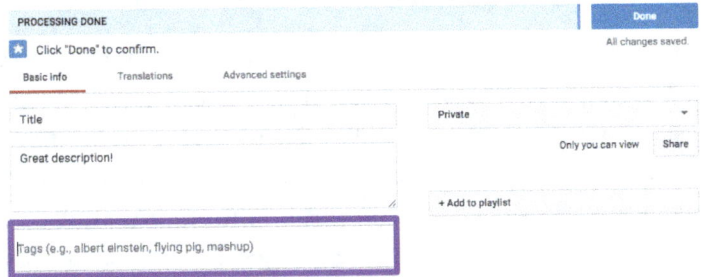

Si vous avez besoin d'aide pour les mots-clés, utilisez le planificateur de mots-clés, comme indiqué précédemment.

- **Optimisez votre image miniature.**

Que ce soit sur la page de résultats organiques, dans la zone des vidéos suggérées ou sur les médias sociaux, votre vignette, comme une image héroïque, peut faire des merveilles pour augmenter vos vues sur YouTube. Utilisez des graphiques haute résolution avec des polices de caractères lisibles et attrayantes, ainsi que des gros plans du visage si votre vidéo en comporte.

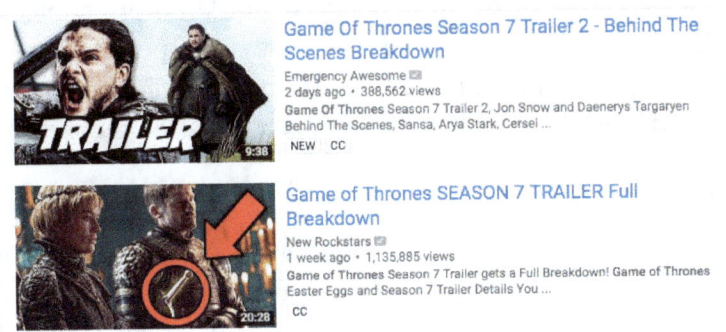

Pour augmenter le nombre de vues de votre vidéo, faites en sorte que votre vignette corresponde visuellement à votre titre et à votre description.

- **Créez des transcriptions de vos vidéos.**

La capacité des sous-titres ou des transcriptions de vos vidéos à améliorer votre classement sur YouTube a fait l'objet de vives discussions. D'autre part, les sous-titres codés peuvent contribuer à augmenter le nombre de vues sur YouTube en s'adressant à un public international et aux personnes handicapées. Un bon classement dans les résultats organiques de YouTube peut augmenter considérablement le nombre de vues et constituer une source de trafic à long terme. Acheter des vues sur YouTube peut permettre d'augmenter immédiatement le nombre de vues. Il ne s'agit toutefois pas d'une solution à long terme, car les algorithmes de YouTube considèrent l'analyse comportementale comme un facteur de classement plus important.

Augmentez le nombre de visites grâce à votre contenu vidéo.

L'aspect le plus crucial pour déterminer le nombre de vues de votre vidéo est son contenu. Un bon contenu conduira à une meilleure analyse comportementale, reconnue par l'algorithme de YouTube, qui récompensera votre vidéo par un meilleur classement dans les recherches organiques.

- **Contenu qui éduque ou divertit ou les deux.**

Qu'il s'agisse d'enseigner aux gens comment faire ou comprendre quelque chose ou simplement de les faire participer et de les divertir, votre contenu vidéo doit apporter de la valeur au public. Si les utilisateurs trouvent votre contenu utile, ils en redemanderont, ce qui augmentera le nombre de vues de vos futurs contenus vidéo.

- **S'appuyer sur les tendances virales.**

Créez un contenu vidéo qui tire parti de tendances virales déjà populaires. Vous devez tirer parti du désir inhérent du marché d'examiner le matériel dans le contexte d'un phénomène viral. Toutes les vidéos YouTube créées en réponse au désastre des relations publiques de United Airlines en sont un bon exemple.

Il n'est pas toujours facile ou viable de relier vos vidéos à l'actualité ; néanmoins, si vous parvenez à trouver un moyen astucieux de le faire, vous serez en mesure d'augmenter le nombre de vues sur YouTube avec le soutien d'un public avide de contenu contextuel tendance.

- **Faites appel à des YouTubeurs invités.**

Les YouTubers invités, les influenceurs de l'industrie ou les personnes d'importance avec leur suivi peuvent faire des merveilles pour augmenter vos vues, similaire à la publication invitée pour les articles de blog. Les YouTubeurs invités peuvent tenter vos consommateurs avec des noms d'industries connues et apporter une perspective distincte et unique au domaine de votre entreprise, similaire au marketing d'influence. Vous pouvez établir une relation mutuellement bénéfique en incluant des liens vers l'un de leurs films ou sites Web dans votre description.

Générer des vues à partir de la plateforme YouTube.

L'objectif de YouTube est de garder les utilisateurs sur la plateforme. Les personnes qui regardent des films génèrent beaucoup de revenus pour ces entreprises via la publicité. Pour cette raison, il existe plusieurs façons de rester actif sur la plateforme afin d'augmenter le nombre d'abonnés et de visionnages de vos vidéos.

- **Créez un contenu vidéo qui imite votre meilleur.**

"Les bons artistes empruntent, les grands artistes volent", aurait déclaré Picasso. Bien que je ne préconise jamais de copier de quelque manière que ce soit, l'argument de Picasso concernant les vidéos YouTube à succès est tout à fait vrai. La zone des vidéos suggérées, qui s'affiche dans la barre latérale et dans une grille une fois qu'une vidéo est terminée, pourrait être une mine d'or pour augmenter vos vues.

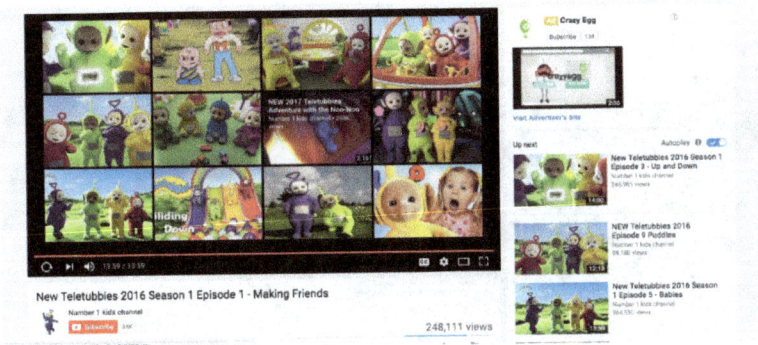

La vidéo qu'un utilisateur vient de visionner peut avoir moins de rapport avec la requête initiale qu'il a saisie et plus avec la pertinence de la vidéo qu'il vient de voir. Cela ressemble à la façon dont les algorithmes de YouTube fonctionnent pour les résultats organiques. Par conséquent, le contenu affiché à la fin d'une vidéo regardée sera comparable à ce qui vient d'être vu. En rendant votre vidéo pertinente par rapport à d'autres vidéos populaires, vous pouvez améliorer le nombre de personnes qui regardent votre chaîne YouTube et votre vidéo. Vous pouvez utiliser des mots clés et des descriptions similaires pour créer un contenu vidéo qui couvre le même sujet sur un ton plus engageant ou avec plus d'informations fournies de manière plus compréhensible.

- **Utiliser les cartes.**

Vous pouvez utiliser ces fonctions d'optimisation de YouTube pour promouvoir du contenu supplémentaire dans votre vidéo. Vous pouvez utiliser des cartes pour:

- promouvoir un autre contenu vidéo

- augmenter le nombre d'abonnés à la chaîne
- faire des dons à des organisations à but non lucratif
- augmenter le trafic sur votre site web - encourager les visiteurs à participer à un sondage.

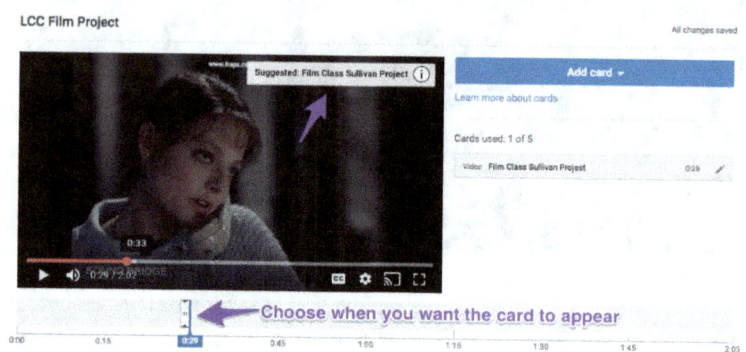

Si vous souhaitez augmenter le nombre de vues de vos vidéos, vous devriez utiliser ces cartes pour inciter les gens à regarder votre contenu moins populaire et à s'abonner à votre chaîne. Utilisez vos analyses comportementales pour déterminer quand les utilisateurs cessent de regarder votre vidéo, puis utilisez la carte pour vous assurer que davantage de personnes la voient.

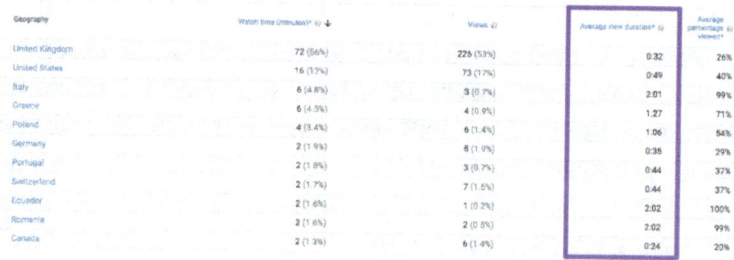

Les analyses comportementales de YouTube vous fournissent de nombreuses données et statistiques précieuses qui vous aideront à prendre de meilleures décisions pour augmenter le nombre de vues de vos vidéos.

- **Créer des écrans de fin.**

Les écrans de fin ont la particularité de pouvoir faire un peu de tout après votre film. C'est l'occasion de partager toutes les informations nécessaires sur votre chaîne, les autres playlists, les vidéos recommandées et votre site Web vérifié avec les utilisateurs qui apprécient votre matériel. Ces deux outils d'optimisation améliorent directement ou indirectement vos vues sur YouTube, qu'il s'agisse de gagner plus d'abonnés ou de créer des liens vers vos autres vidéos. Allez dans votre Gestionnaire de vidéos, modifiez la vidéo à laquelle vous souhaitez ajouter des écrans de fin, puis sélectionnez Écrans de fin et annotations. Vous pourrez ajouter les autres fonctionnalités à partir de là. Les écrans de fin sont une excellente méthode pour promouvoir votre contenu avant que les algorithmes de YouTube ne détournent les visiteurs de votre chaîne et de vos vidéos en recommandant d'autres vidéos populaires.

- **Promouvoir une vidéo de marquage.**

Le fait d'avoir une vidéo marquante sur YouTube peut contribuer à promouvoir vos autres vidéos ainsi que votre chaîne YouTube. Un excellent repère est d'avoir au moins 5 000 vues sur votre vidéo afin qu'elle apparaisse dans davantage de résultats de recherche en raison de sa popularité déjà établie. Comme nous l'avons vu précédemment, vous pouvez créer des cartes, des écrans de fin et d'autres liens vers vos autres vidéos dans votre vidéo de prestige. Vos vidéos vedettes, à l'instar des liens internes sur les sites Web, peuvent contribuer à attirer du trafic et des vues sur vos vidéos moins connues et sur votre chaîne en général.

- **Utilisez la fonction de lecture automatique pour vos vidéos intégrées.**

    Lorsqu'une vidéo est intégrée, la lecture automatique commence automatiquement. Vous devez faire preuve de prudence à cet égard, car la lecture automatique des vidéos peut irriter certaines personnes. Si le contenu de la vidéo est instructif, il peut être judicieux de l'utiliser, car les internautes peuvent accéder directement à la vidéo qui explique comment accomplir quelque chose. Vous pouvez également programmer la lecture d'une liste de lecture en l'intégrant automatiquement à l'aide du même code.

- **Créer des listes de lecture.**

    Créez des listes de lecture pour vos vidéos afin que les visiteurs puissent les regarder dans l'ordre. Après la fin de la lecture de la première vidéo, vos autres vidéos commenceront à être lues automatiquement, ce qui se traduira par un plus grand nombre de vues pour chaque vidéo lue sans que le spectateur ait à quitter le lecteur. Pour augmenter le nombre total de vues de chaque liste de lecture, vous pouvez l'intégrer, la télécharger sur votre chaîne ou la faire partager par les utilisateurs. Faites en sorte que chacune d'entre elles soit unique, et l'ordre dans lequel elles sont jouées doit leur donner du rythme et de la pertinence. Ces listes sont idéales pour les contenus informatifs ou amusants qui racontent une histoire ou expliquent comment plusieurs éléments forment un tout.

- **Soyez présent dans votre communauté de niche.**

    Être un membre actif de votre groupe spécialisé est une chose, mais se promouvoir en tant qu'expert dans vos films en est une autre. Commentez les autres vidéos et offrez des conseils ou des commentaires, et si le contenu d'une vidéo manque d'informations essentielles, faites un lien vers votre contenu pour leur fournir des détails supplémentaires. Si vous essayez d'être aussi utile que possible, vous serez récompensé par des utilisateurs supplémentaires, ce qui vous aidera à augmenter votre nombre d'abonnés et, en fin de compte, le nombre de vues de vos vidéos.

Boosters d'affichage hors-page.

YouTube est unique en ce sens qu'il peut être trouvé sur une variété de plateformes de médias sociaux. En quelques clics, elle peut être intégrée et diffusée, parfois de manière virale. Voici quelques stratégies en dehors de YouTube pour augmenter le nombre de vues sur votre site.

- **Augmentez le classement de votre vidéo dans les moteurs de recherche.**

Le référencement traditionnel est également une option envisageable pour augmenter le nombre de vues sur YouTube, car les vidéos peuvent surclasser le site Web sur lequel elles figurent dans les moteurs de recherche. Les backlinks provenant des vidéos sont considérés comme des backlinks et, dans ce cas, les liens mènent à la vidéo YouTube, ce qui renforce son classement dans les moteurs de recherche. Avec un bon classement SERP, vous pouvez doubler le trafic vers votre vidéo et doubler le nombre de spectateurs.

- **Publiez des liens vers vos vidéos sur vos profils.**

La promotion multiplateforme, notamment sur YouTube, peut contribuer à attirer du trafic sur votre site. Vous pouvez toucher l'ensemble de votre public et le diriger vers votre vidéo en partageant des liens sur d'autres profils. Pour augmenter le nombre de vues, partagez le lien sous forme de message ou incluez-le dans la description de vos profils. De plus, en amenant du trafic vers YouTube depuis vos profils de médias sociaux, vous gagnerez la faveur des algorithmes en devenant la source d'un grand nombre de débuts de session, c'est-à-dire de sessions qui commencent par des vidéos spécifiques sur la plateforme. Les sessions qui commencent sur votre vidéo montrent que celle-ci attire des visiteurs sur YouTube, ce qui se traduit par un classement organique plus élevé et davantage d'apparitions dans les sections de visionnage suggéré.

- **Trouvez des communautés de niche pour partager votre vidéo.**

Vous pouvez diffuser votre contenu de plusieurs manières différentes. Différents sous-reddits Reddit ou

Quora dont les thèmes sont en rapport avec les intérêts et les spectateurs cibles de votre vidéo sont d'excellents endroits pour partager votre matériel. Des subreddits sont également dédiés au simple partage de votre vidéo avec les amateurs de YouTube pour augmenter ses vues, comme /r/GetMoreViewsYT. Les gens publient des vidéos sur ce subreddit et votent pour celles qu'ils préfèrent. La semaine suivante, le gagnant est placé en haut du subreddit pour que les gens le visitent et le regardent. StumbleUpon et Pinterest sont deux autres sites de partage de signets que vous pouvez utiliser pour promouvoir vos films.

- **Trouvez des influenceurs pour promouvoir votre vidéo.**

  Le marketing d'influence devient rapidement une méthode privilégiée par les grandes entreprises pour atteindre leurs consommateurs cibles. Ils disposent d'un public intégré qui partage et promeut leur contenu, ce qui entraîne une augmentation virale du nombre de vues. Les médias sociaux vous aideront à trouver des influenceurs dans votre domaine et à les contacter pour promouvoir votre contenu vidéo. Étant donné que les internautes suivent déjà ces influenceurs et s'intéressent au contenu qu'ils diffusent régulièrement, un seul partage de votre vidéo peut entraîner un grand nombre de visionnages pour votre vidéo et votre chaîne YouTube.

- **Embed Video Subscription.**

  L'intégration de votre vidéo augmentera le nombre de vues, mais l'ajout d'un bouton d'abonnement à votre chaîne sera incroyablement bénéfique à long terme. Les abonnés représentent près de la moitié des vues d'une vidéo ; par conséquent, l'élargissement de votre base d'abonnés augmentera considérablement les vues de la vidéo. Suivez les instructions de YouTube pour installer le widget d'abonnement et l'utiliser sur les pages où votre vidéo est intégrée.

- **Post sur les concours et les promotions.**

Un excellent cadeau publicitaire est quelque chose que tout le monde apprécie. Les utilisateurs seront dirigés vers la page YouTube de la vidéo si vous publiez une promotion, un cadeau ou une tombola sur les médias sociaux. Dites à vos followers que le lien pour nous rejoindre se trouve dans la description de la vidéo. Cela augmentera le nombre de vues.

N'oubliez pas d'être patient.

Il faut du temps pour obtenir un grand nombre de vues sur YouTube. La plateforme dispose de son propre système de contrôle et d'équilibre pour garantir que des vidéos de haute qualité sont disponibles à tout moment pour les spectateurs. Constituez une base d'abonnés active, et ils représenteront la majorité de vos vues.

Chapitre no. 6

L'impact de YouTube sur notre société.

YouTube, un site web de partage de vidéos, a un impact beaucoup plus important sur notre culture qu'on ne l'imagine. YouTube a été créé le 14 février 2005 et a eu un impact considérable sur notre société depuis lors. Regardez vous une vidéo YouTube parce que le titre vous interpelle ou parce qu'elle est drôle ? Cette dernière réponse n'est probablement pas surprenante, étant donné la prévalence dans notre société de l'amusement mutuel par le partage de films, d'images ou d'autres formes de médias avec les amis et la famille. Bien que certaines vidéos YouTube soient créées à des fins ludiques, de nombreuses vidéos contiennent des conseils pour les personnes qui cherchent de l'aide avec divers tutoriels de beauté. Des gourous de la beauté célèbres tels que Zoella, Bethany Mota, Rclbeauty101 et Meredith Foster partagent leurs routines, leurs achats, leurs favoris du mois, leurs bricolages, leurs attentes par rapport à la réalité, leurs suggestions de garde-robe et leurs tutoriels de maquillage et de coiffure, en mettant l'accent sur les adolescentes.

Les artistes et les groupes possédant un compte YouTube, en particulier Vevo, jouent un rôle essentiel dans la société contemporaine en publiant de nouveaux singles ou albums sur leurs comptes, acquérant ainsi des adeptes et une réputation. Les chanteurs non découverts attirent fréquemment l'attention sur YouTube en publiant des interprétations de chansons populaires, ce qui génère des commentaires et, peut-être, conduit à des repérages. Justin Bieber, Carly Rae Jepsen et Cody Simpson sont trois chanteurs qui ont débuté sur YouTube et ont été découverts. Un découvreur de talents a repéré Justin Bieber et lui a organisé une rencontre avec Usher. Justin Bieber a soutenu le single "Call Me Maybe" de Carly Rae Jepsen après avoir tweeté à ses 18 millions de followers : "Call Me Maybe de Carly Rae Jepsen est l'air le plus entraînant que j'ai jamais entendu. Lol." Shawn Campbell, un producteur de disques, a découvert Cody Simpson alors qu'il avait 12 ans et l'a signé chez Atlantic Records. L'impact de YouTube aux États-Unis a permis aux utilisateurs de télécharger des reprises de chansons ou du contenu original dans leurs vidéos dans l'espoir d'être remarqués par les entreprises.

De nombreux Youtubers ont simplement téléchargé une vidéo sur leur chaîne sans tenir compte du nombre de vues et d'abonnés qu'ils recevront. YouTube a un impact sur les États-Unis en diffusant en continu les élections présidentielles, la politique, les publicités et les événements d'actualité. De nombreux YouTubers publient des vidéos avec des vignettes divertissantes et superflues pour attirer l'attention des spectateurs, ce qui entraîne une mauvaise perception de la vidéo réelle. L'impact de la diffusion publique de vidéos sur des thèmes liés à l'actualité mondiale, tels que les fusillades, les débats et les campagnes politiques, sur les téléspectateurs peut être favorable ou néfaste. Alors que certains téléspectateurs réagiront positivement à l'actualité et apprécieront le thème de la vidéo, d'autres réagiront négativement en faisant des commentaires superflus et inutiles, ciblant éventuellement les personnes figurant dans la vidéo, ce qui aboutira à une cybercriminalité. Certaines vidéos sur des campagnes et des débats politiques peuvent être trompeuses pour les téléspectateurs si l'auteur ne présente pas l'ensemble du problème et ne défend que son camp, ce qui donne lieu à une vidéo partiale. Les vidéos biaisées démontrent l'impact néfaste de YouTube dans notre société en se concentrant sur ce que le public veut voir plutôt que sur la question la plus importante et la plus urgente. L'influence de YouTube sur notre société peut avoir un impact bénéfique ou néfaste en raison de la variété des vidéos YouTube. De nombreux YouTubers publient des vidéos dans lesquelles ils expriment leur opinion sur des événements ou des questions d'actualité. Que le sujet soit agréable ou négatif, les spectateurs seront très probablement touchés s'ils croient et sont d'accord avec le contenu de la vidéo. Même si certaines vidéos YouTube n'ont pas pour but de persuader ou de divertir les spectateurs, la grande majorité d'entre elles le font.

L'effet excellent ou néfaste de YouTube:

Si vous lisez ces lignes, vous avez probablement déjà passé du temps sur YouTube. Des vidéos " comment faire " aux publicités politiques, le site propose presque toutes les vidéos imaginables. Les différents films postés sur YouTube par divers groupes démontrent l'influence de YouTube sur la communication. Par conséquent, il est essentiel de se demander si l'influence médiatique de YouTube sert le bien commun ou entrave la capacité de la société à échanger des renseignements. Selon un article d'Helium.com, YouTube est accessible à tous et permet de télécharger à peu près n'importe quoi. Selon les circonstances, l'expérience peut être favorable ou défavorable. Par exemple, il existe sur YouTube une variété de publicités politiques qui traitent de préoccupations actuelles, incitant les spectateurs à faire leurs commentaires et déclenchant un débat créatif qui peut être désagréable. D'un autre côté, ces préoccupations ne devraient pas dissuader les utilisateurs de partager sur le site et la façon dont le matériel vidéo est distribué aux spectateurs.

Selon le Pew Journalism Research Center, environ 21 % des vidéos YouTube sont liées à la politique d'une manière ou d'une autre. La politique est un sujet populaire car elle permet le débat et la discussion. Le concept de communiquer ce qui vous intéresse est nouveau et beaucoup de gens peuvent s'y retrouver. Les utilisateurs partagent également ce qu'ils regardent sur YouTube, ce qui donne lieu à un mélange de vidéos diffusées sur diverses plateformes de médias sociaux. Dans cette approche, YouTube est considéré comme un moyen bénéfique de partager des idées et de créer des communautés en ligne fondées sur des intérêts communs. Plusieurs inconvénients peuvent pousser certaines personnes à reconsidérer le fait de partager avec d'autres les vidéos qu'elles voient sur YouTube. Cependant, un article du site Teen Ink indique que tant de liberté d'expression peut susciter la controverse, car certaines personnes utiliseront les films pour protester contre certains groupes de personnes. Cela est considéré comme une conséquence négative car cela peut entraîner des violations des droits d'auteur et la censure. En conséquence, une discussion a éclaté sur la façon dont le filtrage devrait être appliqué à certains films sur YouTube. Selon une étude publiée dans le Journal of Electronic Publishing, les utilisateurs doivent continuer à partager et à distribuer du contenu vidéo malgré ces difficultés.

    Les points de vue de chacun peuvent avoir un impact important sur la façon dont on interprète YouTube. Ceux qui perçoivent YouTube comme une plateforme permettant de partager et de regarder un large éventail de vidéos sur des sujets variés apprécient l'influence médiatique qu'il procure. Cependant, d'autres personnes pensent que YouTube devrait être réglementé afin de protéger son intégrité. Il s'agit simplement d'une idée fausse dans l'esprit de ceux qui la formulent ; elle n'est pas intrinsèquement nuisible par nature. Examinez comment les gens choisissent de partager ce qu'ils apprennent ou regardent sur YouTube pour mieux comprendre comment YouTube influence les médias.

Chapitre no.7

Promouvoir votre chaîne YouTube pour augmenter le nombre de vues.

Si vous voulez être vu sur YouTube, vous devez utiliser autant de stratégies publicitaires que possible. Nous allons examiner en détail ci-dessous chacune de ces stratégies pour promouvoir votre chaîne YouTube et augmenter votre popularité. Ces techniques sont toutes valables, que vous commenciez à peine ou que vous souhaitiez voir vos chiffres augmenter encore davantage.

Augmenter l'efficacité de votre stratégie YouTube.

Pour maximiser vos efforts avec ces guides, en plus des 16 idées ci-dessous, assurez-vous d'être à jour sur tout ce qui concerne YouTube:

- Créez une chaîne YouTube pour votre entreprise et facilitez sa gestion et son développement.
- Pour que vos vidéos se démarquent et soient facilement trouvées sur YouTube, il est essentiel de rédiger des descriptions convaincantes.
- SEO pour YouTube - Comment mieux classer vos vidéos - Ces dernières années, YouTube est devenu l'un des moteurs de recherche les plus populaires au monde. En suivant ces règles, vous pouvez vous assurer que vous répondez aux besoins de votre public.

- Comment augmenter le nombre de vues sur YouTube à l'aide des hashtags - Assurez-vous de comprendre comment les hashtags sont utilisés sur YouTube pour obtenir plus de vues.
- Comment utiliser YouTube Analytics pour améliorer les performances de vos vidéos - Assurez-vous que tous vos efforts sont fructueux et identifiez les domaines dans lesquels vous pouvez vous améliorer en utilisant de bonnes analyses.

Conseils pour promouvoir votre chaîne YouTube

Créez des titres captivants et incontournables.

En matière de marketing sur YouTube, la présentation est primordiale. En ce qui concerne le succès de votre vidéo, les titres sont essentiels. Votre contenu doit être perçu comme "à voir absolument" ou "sans intérêt". Votre titre est la première chose qu'un lecteur voit, il est donc vital d'attirer son attention sans recourir au clickbait. Dès le début, votre public veut savoir de quoi parle votre film. Prenez exemple sur BuzzFeed et What Culture, deux des plus grands noms de YouTube. Les articles, les titres basés sur des questions ou les hyperboles sont des moyens courants d'inciter plus de gens à regarder ces films ("fou", "...de tous les temps"). Les vidéos d'entraînement d'Athena X en sont l'un des meilleurs exemples. Les programmes de la chaîne parviennent à inclure des mots-clés pertinents dans leurs noms tout en paraissant conversationnels. Le message ici est que vous devriez réfléchir à des titres attrayants au lieu de vous en tenir au premier concept qui vous vient à l'esprit.

Selon Tubular Insights, les noms des vidéos YouTube doivent comporter entre 41 et 70 caractères. Pour un titre attrayant, des sociétés comme l'analyseur de titres de CoSchedule suggèrent une longueur de titre de 55 caractères. Bien que l'outil de CoSchedule ne soit pas conçu exclusivement pour les titres de vidéos, il est idéal pour trouver des noms adaptés à YouTube afin de promouvoir votre chaîne.

Rendez vos films plus visibles en les optimisant.

Voici quelques idées à méditer : 70 % des 100 premiers résultats de recherche de Google contiennent des vidéos YouTube. Regardez par vous-même. Google renvoie tout ce qui vient de YouTube pour n'importe quel produit ou "mode d'emploi". Le moteur de recherche YouTube est le deuxième plus important au monde. Lorsqu'il s'agit de rechercher des choses et de résoudre des problèmes, les gens utilisent YouTube autant que Google. Vous devez traiter vos vidéos YouTube comme tout autre élément de contenu qui doit être optimisé pour les mots clés ou les balises. Plusieurs pratiques recommandées peuvent augmenter vos chances d'être bien classé sur YouTube :

- Incluez toujours des mots-clés pertinents dans les titres et les descriptions. En utilisant un outil comme Keywordtool.io, vous pouvez trouver des idées de mots clés.
- Pour aider YouTube à mieux comprendre le sujet de votre vidéo, incluez les mots clés de votre objectif dans votre vidéo. Brian Dean, de Backlink, le recommande.
- Pour classer les vidéos dans ses résultats de recherche, YouTube prend en compte l'interaction des utilisateurs (comme le nombre de "j'aime", de "commentaires" et de "vues").
- Pour aider YouTube à déterminer à qui vos films doivent être présentés, utilisez des catégories.
- Outre les catégories, vous pouvez inclure des balises dans vos vidéos pour obtenir plus d'informations sur votre travail sur YouTube. Ajoutez autant de balises que vous le souhaitez, tant que vous ne dépassez pas le nombre de balises autorisé.

N'utilisez pas de mots-clés, tout comme vous ne le feriez pas pour le référencement de votre site Web. N'utilisez les mots-clés que lorsqu'ils ont un sens, et pas seulement pour les avoir.

Déterminez ce que votre public cible désire.

Toute forme de matériel que vous publiez doit correspondre aux attentes de votre public. Avant de rédiger un article de blog ou de filmer une vidéo, renseignez-vous sur votre public cible et sur le type de contenu qu'il apprécie.

Si vous commencez tout juste à faire la publicité de votre chaîne YouTube, jetez un coup d'œil à vos concurrents ou aux autres vidéastes de votre secteur. Remarquez lesquelles de leurs vidéos suscitent le plus d'attention et de participation. Grâce à ces informations, vous pourrez en savoir plus sur ce qui intéresse votre public. Si vous avez déjà publié des vidéos, vous pouvez également consulter les statistiques de YouTube. YouTube fournit des données démographiques, géographiques et d'interaction précises, ainsi que d'autres statistiques utiles pour votre public. Analysez comment vos vidéos se comparent à d'autres documents que vous avez produits en utilisant le rapport Sprout Social YouTube.

Devenez membre de la communauté sur YouTube.

Les personnes présentes sur YouTube peuvent interagir en créant des profils, en donnant des "j'aime" et en laissant des commentaires sur les vidéos des autres.

D'après ce que nous avons entendu, il s'agit plutôt d'un "social."

Comme nous l'avons dit précédemment, YouTube voit d'un bon œil tout indicateur d'interaction avec le public. L'interaction avec vos abonnés vous aidera à créer un lien plus fort avec eux. Le temps qu'il faut pour "aimer" un commentaire est encore plus court que pour "épingler" un commentaire. Plusieurs chaînes répondent souvent aux commentaires sur leurs plus récents téléchargements, par exemple. L'auteur de la chaîne contacte souvent les fans pour les remercier et répondre à leurs questions. Les réponses et l'engagement avec vos adeptes sont les mêmes sur YouTube que sur n'importe quel autre canal de médias sociaux.

Rendez vos vignettes uniques.

L'utilisation de vignettes personnalisées pour promouvoir votre chaîne YouTube est l'une des méthodes les plus simples et les plus efficaces. Considérez votre titre et votre vignette comme une combinaison attrayante. La vignette de chaque vidéo sur YouTube est automatiquement générée à partir d'une capture d'écran de la vidéo elle-même. Une image floue de vous en train d'ajuster votre caméra ou de faire une transition est ce qui est souvent capturé.

Ce n'est pas un mauvais look?

En plus de rendre vos vidéos plus attrayantes visuellement, la réalisation de vos vignettes indique un certain professionnalisme. Bien qu'elles puissent être compliquées dans certains cas, la création de vignettes simples est tout à fait acceptable. Il est possible de créer un modèle avec une police et un style spécifiques pour le rendre plus uniforme et conforme à la marque. Un outil de création d'images comme Canva rend cette opération encore plus simple.

Faites la promotion croisée de vos propres vidéos YouTube.

Il y a de fortes chances que vous écriviez sur les mêmes sujets sur YouTube. C'est une bonne idée de faire la promotion croisée de vos vidéos précédentes lorsque cela s'avère utile. Par exemple, vous pouvez ajouter des liens dans la description d'une vidéo et inciter les spectateurs à les consulter pour les inciter à agir. Bien que la suppression soudaine de l'outil d'annotation de YouTube ait pu décevoir certains, le fait de fournir un lien dans votre description encourage les gens à regarder vos vidéos jusqu'au bout sans cliquer.

Les résultats de recherche Google que vous souhaitez cibler.

Comme nous l'avons dit précédemment, YouTube est en train d'écraser les choses en matière de référencement. Même si vous ne devez pas créer des contenus destinés uniquement aux moteurs de recherche plutôt qu'aux humains, vous devez faire la publicité de votre chaîne YouTube en tenant compte du référencement. Les pages de résultats des moteurs de recherche ont tendance à favoriser les vidéos de longue durée (plus de 10 minutes) et les évaluations de produits, ainsi que les guides pratiques et les didacticiels (SERPs). Si vous n'avez pas beaucoup d'idées de vidéos, pensez à utiliser le marketing de votre chaîne YouTube pour tirer parti d'un terme tendance dans votre secteur.

Organisez un concours ou un jeu-concours.

Un cadeau est une chose que les abonnés de YouTube adorent. Si vous voulez que les gens rejoignent votre communauté YouTube, organisez un concours ou un cadeau. Pour faciliter la participation à vos concours, demandez à votre public d'aimer votre vidéo, de laisser un commentaire sur celle-ci et de s'abonner à ma chaîne. Nous avons dressé une liste de pratiques recommandées pour chaque concours sur les médias sociaux.

- Assurez-vous que vous respectez les règles de YouTube.
- Offrez un cadeau en rapport avec votre marque : vous voulez attirer des personnes qui ne cherchent pas seulement des choses gratuites.
- Incorporez du contenu généré par les utilisateurs et d'autres critères d'entrée non traditionnels pour devenir innovant.

La clé est de limiter le nombre de concours que vous organisez sur YouTube. Votre temps, votre argent et vos ressources seront gaspillés si vous ne savez pas si ce que vous faites fonctionne. Après avoir organisé un concours, examinez le taux de chute de vos abonnés et les statistiques d'engagement. Si vous n'attirez pas d'abonnés engagés, vous pouvez tout aussi bien attirer des personnes à la recherche d'objets gratuits.

- **Encouragez les autres à regarder votre émission.**

Créer une série de vidéos couvrant un thème ou un sujet commun est une stratégie intelligente pour promouvoir votre chaîne YouTube. Bon Appétit, une chaîne gastronomique populaire qui compte de nombreux adeptes sur YouTube, propose diverses séries, dont les épisodes récurrents "From the Test Kitchen". Les séries sont une situation gagnant-gagnant pour les artistes et les fans. En tant que créateur, vous n'avez pas besoin de vous creuser la tête pour trouver des idées, puisque vous vous tenez responsable de la création de nouveaux contenus sur YouTube. Par conséquent, vos abonnés auront une raison de revenir régulièrement sur votre chaîne.

- **Les vidéos YouTube peuvent être intégrées.**

Certains des meilleurs endroits pour promouvoir votre chaîne YouTube sont en dehors de YouTube. Il a été prouvé que le contenu vidéo, par exemple, améliore les taux de conversion et réduit les taux de rebond. Ajoutez une vidéo à une page produit ou à un article de blog pour que les visiteurs restent plus longtemps sur la page et soient plus intéressés (comme nous l'avons fait ci-dessous). Considérez comme une victoire toute occasion de diriger vos visiteurs sur le site (ou sur les médias sociaux !) vers votre chaîne YouTube.

- **Pour organiser vos vidéos YouTube, créez des listes de lecture.**

En créant des vidéos supplémentaires, les internautes auront plus de mal à trouver ce qu'ils recherchent sur votre chaîne. C'est pourquoi les listes de lecture sont indispensables. En plus de classer et de promouvoir le binge-watching sur votre chaîne, les listes de lecture vous aident également à garder une trace de votre contenu. La chaîne de toilettage de la marque Beard, par exemple, comporte des centaines de clips qui couvrent une grande variété de sujets et est mise à jour régulièrement. Les utilisateurs peuvent accéder rapidement au contenu pertinent des listes de lecture de la chaîne sans avoir à le rechercher.

- **Les appels à l'action peuvent vous aider à inciter davantage de personnes à agir.**

Étant donné que le matériel vidéo peut générer un lien immédiat et personnel avec le spectateur, la meilleure façon de faire remarquer vos films est parfois de demander une participation. Comme toutes les personnes qui apprécient l'une de vos vidéos ne se souviendront pas forcément de la liker ou de s'y abonner, il est de plus en plus courant d'inclure ces rappels dans la description de la vidéo ou dans la vidéo elle-même. Il n'y a pas de honte à demander explicitement un peu d'amour, surtout si vous êtes une nouvelle chaîne. Une excellente méthode pour faire durer la discussion consiste à demander aux visiteurs de répondre à une question dans la zone de commentaires ou de visionner une autre vidéo. Des liens vers d'autres vidéos ou vers un site Web externe peuvent être utilisés comme appel à l'action.

- **Essayez le streaming en direct.**

La vidéo en direct, l'une des modes les plus populaires des médias sociaux, est là pour rester. Avec l'essor d'applications comme Facebook, Periscope et Instagram, de plus en plus d'entreprises prennent le train en marche. Depuis des années, YouTube diffuse des vidéos en direct, mais ce n'est que récemment qu'il a acquis une certaine popularité. Découvrez les vidéos YouTube Live les plus populaires pour apprendre comment d'autres entreprises utilisent cette plateforme à leur avantage. Voici quelques exemples d'utilisation de YouTube Live:

- Séminaires en ligne
- Tutoriels en direct
- Sessions de questions-réponses
- Démonstrations de produits.

Ne vous inquiétez pas si vos flux ne sont pas aussi fluides que vous le souhaiteriez. Vous ne savez jamais ce qui va se passer, ce qui fait partie des joies (et des risques) de la vidéo en direct. La qualité brute et naturelle de la vidéo en direct est précisément ce qui la rend si attrayante. Consultez l'introduction de Google au streaming en direct pour plus d'informations sur la façon de démarrer avec YouTube Live.

Collaborer avec d'autres artistes et entreprises.

Certaines des stars les plus populaires de YouTube ont développé leur audience en collaborant avec d'autres utilisateurs. Vous rencontrez de nouvelles personnes chaque fois que vous travaillez avec un nouveau collègue. Avec l'aide d'un producteur de contenu connu et fiable, les nouveaux spectateurs sont plus enclins à s'abonner à votre chaîne. Lorsqu'il s'agit d'un partenariat YouTube réussi, il est essentiel de trouver le bon partenaire pour réussir. Pour que votre vidéo ait l'air authentique, vous devez collaborer avec des producteurs de contenu ayant les mêmes intérêts que votre organisation. La relation entre BuzzFeed et Purina est un excellent exemple de coopération créative qui n'est pas ouvertement commerciale.

Menez une campagne de marketing sur YouTube, moyennant paiement.

Avec l'essor du marketing payant en général, vous avez la possibilité d'acheter de la publicité sur YouTube pour accroître votre visibilité. Il existe plusieurs types de publicité sur YouTube, dont les suivants:

- Annonces d'affichage : Uniquement disponibles sur PC, ces publicités apparaissent dans la barre latérale droite des vidéos.
- Les publicités superposées sont des publicités semi-transparentes qui apparaissent au bas d'une vidéo. Elles ne sont disponibles que sur la version de bureau.
- Avant, pendant et après une vidéo, vous verrez des publicités sous forme de vidéos sautables et non sautables. Contrairement aux publicités non

skippables, qui doivent être vues entièrement, les publicités skippables peuvent être sautées après seulement cinq secondes.
- Avant qu'un utilisateur puisse regarder une vidéo, il doit voir une publicité non skippable dans le pare-chocs. En général, elles persistent pendant environ six secondes.
- Les cartes qui apparaissent dans des vidéos pertinentes pour le spectateur sont appelées cartes sponsorisées. Vous pouvez les utiliser pour promouvoir vos produits ou d'autres informations.
- Pour chaque campagne publicitaire, vous pouvez utiliser une vidéo existante ou en créer une nouvelle. Lorsque vous utilisez une vidéo existante, vous pouvez choisir un clip qui a fait ses preuves dans le passé. Une vidéo organiquement populaire peut bénéficier d'une publicité payante, à condition qu'elle ait un large public.
- Une nouvelle vidéo pour vos publicités vous permet de créer un produit plus concentré et personnalisé. Par exemple, lorsque vous créez une publicité, vous pouvez inclure à la fin un CTA personnalisé qui conduit les gens vers un site Web ou une vidéo particulière. Vous trouverez ici plus d'informations sur les types de publicités vidéo de YouTube.

Partagez régulièrement vos vidéos YouTube sur les médias sociaux.

Ce n'est un secret pour personne : le contenu vidéo domine les médias sociaux en termes d'engagement et de performance. Si vous voulez que les gens suivent votre chaîne YouTube, vous devrez la promouvoir régulièrement sur les médias sociaux. Dès qu'une vidéo est en ligne, veillez à la faire connaître à vos followers sur les médias sociaux via Facebook, Twitter, Instagram et LinkedIn. Un échantillon ou un clip de votre travail le plus récent peut être créé pour chaque site de réseaux sociaux. Sprout Social vous permet de planifier et de faire la promotion croisée de votre contenu sans passer d'une plateforme à l'autre. Avec l'aide de Viral Post, par exemple, vous pouvez garantir la mise en ligne de votre contenu à un moment où vos followers sociaux sont les plus engagés. Nous avons terminé notre tutoriel sur la façon de faire de la publicité pour votre chaîne YouTube!

- Comment promouvoir votre chaîne YouTube sur Internet ?
- La constitution d'une audience sur YouTube n'est pas le fruit du hasard.
- Et, oui, si votre espace est rempli de concurrents, cela peut ressembler à un parcours du combattant.

Vous devriez toujours avoir de nombreuses méthodes publicitaires différentes à portée de main, au cas où vous auriez besoin de les utiliser. Même si certaines des idées ci-dessus nécessitent plus de temps et d'efforts que d'autres, elles vous aideront toutes à attirer davantage d'adeptes sur votre chaîne YouTube. Téléchargez notre aide-mémoire pour les vidéos sur les médias sociaux afin de recevoir des idées de vidéos à chaque étape de l'entonnoir marketing si vous êtes prêt à renforcer votre présence sur YouTube et à obtenir des résultats commerciaux précis.

Pourquoi utiliser YouTube?

Après YouTube, Google est le moteur de recherche le plus populaire. YouTube publie plus de 100 heures de contenu frais chaque minute de chaque jour. Cette stratégie permet d'atteindre rapidement et facilement un large public, qu'il s'agisse de publicité ou d'enseignement. Voici quelques-unes des raisons pour lesquelles YouTube est si populaire:

Améliorez votre référencement.

Le format de contenu le plus populaire est la vidéo, qui est fréquemment partagée sur les médias sociaux. Étant donné que Google et d'autres moteurs de recherche favorisent la vidéo, la publication d'une vidéo sur YouTube avec des titres, des descriptions et des balises solides est un excellent moyen d'améliorer votre classement dans les moteurs de recherche.

Une image de marque qui fonctionne.

La vidéo est un moyen rapide et efficace de faire passer votre message. Les gens réagissent bien aux signaux visuels, et la vidéo est un excellent moyen de capturer l'ambiance et les caractéristiques physiques de ce que vous vendez.

Le spectacle, ne pas le dire.

Les vidéos sont une excellente approche pour démontrer des choses difficiles à exprimer par des mots. Démontrez à vos élèves au moyen d'enregistrements de captures d'écran, de démonstrations en direct ou même d'un dessin sur tableau blanc.

Augmentez le nombre de personnes qui entendent votre message.

En plus d'être le site de partage de vidéos le plus populaire au monde, YouTube a également le plus grand nombre de vues par utilisateur. Regardez vos autres flux Facebook et Twitter et voyez combien de vidéos vous y voyez. À quelle fréquence recevez-vous des vidéos par courrier électronique de la part de vos amis et de votre famille ? Une vidéo peut être facilement partagée sur l'internet.

Vous n'avez pas besoin d'un gros budget.

Si le fait de faire réaliser certaines vidéos par des experts présente des avantages, toutes les vidéos ne nécessitent pas un budget à six chiffres. Vous pouvez créer rapidement et efficacement des vidéos convaincantes de conférences, de présentations, etc. avec un équipement vidéo minimal.

Vidéo adaptée aux mobiles.

Étant donné que de nombreux étudiants possèdent un smartphone, la vidéo est un excellent moyen de les atteindre. YouTube est bien adapté aux appareils mobiles, et la grande majorité des étudiants l'utilisent déjà.

Conclusion:

YouTube est une plateforme vidéo de Google fondée en 2005 par Steve Chen, Chad Hurley et Jawed Karim et rachetée pour 1,6 milliard de dollars par Google en 2006. La vidéo "Me at the Zoo" de Jawed Karim, qui compte plus de 82 millions de vues, a été la première vidéo à être partagée. Le site a beaucoup évolué depuis, et ses statistiques actuelles sont stupéfiantes.

YouTube en 2021, Après Facebook, YouTube est le deuxième réseau social le plus populaire au monde, avec 79 % des internautes qui déclarent avoir un compte YouTube. Chaque mois, environ 2 milliards de personnes utilisent YouTube, avec plusieurs milliards de vues (plus de 82 000 vidéos vues en une seconde), dont 70 % sur des appareils mobiles. Chaque jour, 720 000 heures de vidéo sont ajoutées, soit 30 000 heures par heure. La plateforme est disponible dans plus de 90 pays et 80 langues, ce qui la rend accessible à 95 % de la population Internet mondiale. En raison de la grande audience de YouTube, 62 % des entreprises utilisent la plateforme pour soumettre des vidéos et bénéficier d'une plus grande visibilité. 90 % des utilisateurs ont découvert une nouvelle marque grâce à la plateforme, ce qui est significatif puisque l'exposition aux publicités a augmenté de 95 %.

De nombreuses personnes se lancent sur cette plateforme en créant du matériel original. Depuis l'année dernière, on a constaté une augmentation de 40 % du nombre de chaînes gagnant des revenus à six chiffres et une augmentation de 75 % du nombre de chaînes comptant plus d'un million de membres. Même si vous ne savez pas utiliser un ordinateur, YouTube est simple à utiliser. Vous avez encore des questions sur la façon d'utiliser cette plateforme de réseau social ? Ne vous inquiétez pas, de nombreux tutoriels en ligne vous montreront comment soumettre une vidéo et bien plus encore. Avec YouTube, vous pouvez diffuser rapidement une grande quantité d'informations à un grand nombre de personnes. Vous pouvez également utiliser le divertissement pour transmettre des informations. Cela peut prendre la forme de:

- Vidéos
- Musique
- Sketchs comiques
- Animation vidéo.

Vous pouvez désormais soumettre des stories YouTube, des sondages et des mises à jour de posts, tout comme sur d'autres réseaux de médias sociaux tels qu'Instagram, ce qui vous aidera à engager votre public de manière significative. Vous pouvez, par exemple, réaliser un sondage pour déterminer quel sujet vos spectateurs voudraient voir ensuite, ce qui non seulement engage votre public, mais vous permet aussi d'apprendre ce qu'ils veulent visiter sur votre chaîne. Les backlinks de YouTube peuvent vous aider à améliorer votre référencement. Ces liens peuvent être produits en incluant un lien vers votre site Web sur votre page de profil et dans les descriptions de chaque vidéo que vous téléchargez sur votre chaîne. En affichant le lien de votre site Web à différents endroits de votre chaîne, vous ferez connaître votre site Web et, par conséquent, vous augmenterez le trafic vers celui-ci. De nos jours, YouTube est un site de réseau social très célèbre. Il est idéal pour un usage personnel, mais il peut également développer une marque pour les entreprises. Vos films apparaîtront non seulement sur YouTube mais aussi dans d'autres moteurs de recherche tels que Google. Envisagez-vous d'utiliser YouTube à des fins personnelles ou professionnelles ? Continuez à lire car nous allons vous expliquer les deux points de vue dans ce chapitre. YouTube vous permet de télécharger et de visionner des vidéos gratuitement. Il vous offre la liberté d'essayer des choses et de voir si elles fonctionnent pour vous sans vous soucier des coûts. YouTube Premium, en revanche, a été lancé récemment. YouTube Premium est un abonnement premium qui vous permet de regarder des vidéos sans publicité, de lire des vidéos en arrière-plan et de regarder des vidéos même lorsque vous n'êtes pas connecté à Internet. Il vous permet également de visionner des programmes et des films originaux de YouTube et d'accéder à YouTube Music Premium (une plateforme de streaming).

En ce qui concerne la publication de vidéos sur votre compte YouTube, peu importe que vous ayez un compte Premium ou gratuit. YouTube est un endroit où vous pouvez gagner de l'argent en regardant les vidéos d'autres personnes. Pour générer de l'argent à partir de vos vidéos, vous aurez besoin d'un compte Google AdSense. Vous disposez d'un compte Google AdSense, mais vous ne savez pas quoi en faire ? Vous pouvez créer un nouveau compte Google AdSense si vous avez une chaîne YouTube. Il existe plusieurs méthodes pour générer de l'argent sur YouTube en plus de Google AdSense. Les stratégies suivantes peuvent être utilisées pour atteindre cet objectif:

- Liens d'affiliation
- Parrainages

- Marchandises et produits
- Vendre des produits numériques
- Offrir des services
- et bien plus encore

Ce livre fait partie d'une collection en cours intitulée "Social Media Influence."

1. Augmenter votre influence sur les médias sociaux sur Facebook.
2. Augmentez votre influence sur les médias sociaux sur YouTube.
3. Augmentez l'influence de vos médias sociaux sur WhatsApp.
4. Augmenter votre influence sur les médias sociaux sur Instagram.
5. Augmenter votre influence sur les médias sociaux sur TikTok.
6. Augmentez votre influence sur les médias sociaux sur Snap Chat.
7. Augmentez votre influence sur les médias sociaux sur Reddit.
8. Augmentez votre influence sur les médias sociaux sur Pinterest.
9. Augmentez votre influence sur les médias sociaux sur Twitter.
10. Augmentez votre influence sur les médias sociaux sur LinkedIn.

Veuillez consulter Amazon pour d'autres livres de cette collection.

Biographie de l'auteur

Aaron Cockman. Aaron aime lire et en savoir plus sur la rentabilité des médias sociaux. Elle a donc décidé d'écrire sur un sujet qui la passionne. D'autres livres viendront s'ajouter à cette collection, alors suivez-la sur Amazon pour en savoir plus.

Merci d'avoir acheté ce livre.

Je vous en remercie sincèrement et je vous apprécie, vous, mon excellent client.

Que Dieu vous bénisse.

Sherry Lee.